Liane Paradies • Franz Wester • Johannes Greving

Leistungsmessung und -bewertung

Webcode: Sie können die Kopiervorlagen aus dem Internet als pdf-Datei herunterladen. Sie finden dazu eine Zahlenkombination jeweils unten auf der Buchseite. Geben Sie diese unter www.cornelsen.de/webcodes ein.
Achten Sie bitte darauf, dass beim Ausdrucken bei Seitenanpassung „In Druckbereich einpassen" aktiviert ist, damit Sie eine DIN-A4-Seite bekommen.

Die Autoren

Liane Paradies ist Gymnasiallehrerin für Mathematik und Geschichte. Sie arbeitet als freie Autorin, Trainerin und Moderatorin in der Lehreraus- und -fortbildung, ist an der Universität Oldenburg tätig und Autorin zahlreicher Veröffentlichungen zum Thema Unterrichtsmethoden.

Franz Wester leitet das Referat Schulentwicklung am Landesinstitut für Schule in Bremen. Aktueller Schwerpunkt ist die Begleitung der Schulen in der Unterrichtsentwicklung. Seine beruflichen Erfahrungen sind in verschiedenen Veröffentlichungen dokumentiert.

Johannes Greving ist Lehrer für Deutsch und Politik an einem Gymnasium, außerdem an der Universität Oldenburg tätig und Autor zahlreicher Fachbücher.

Liane Paradies
Franz Wester
Johannes Greving

Leistungsmessung und -bewertung

Bitte vergrößern Sie die Kopiervorlagen mit 141%. Sie erhalten dann eine DIN-A4-Seite.
Oder Sie benutzen den Webcode zum Ausdrucken einer Kopiervorlage.
Die in diesem Werk angegebenen Internetadressen haben wir überprüft (Redaktionsschluss Oktober 2011). Dennoch können wir nicht ausschließen, dass unter einer solchen Adresse inzwischen ein ganz anderer Inhalt angeboten wird.

www.cornelsen.de

Bibliografische Information: Die Deutsche Bibliothek verzeichnet diese Publikation in der Deutschen Nationalbibliografie; detaillierte bibliografische Daten sind im Internet über http://dnb.de abrufbar.

4., überarbeitete Auflage 2012

© 2012 Cornelsen Verlag, Berlin

Das Werk und seine Teile sind urheberrechtlich geschützt. Jede Nutzung in anderen als den gesetzlich zugelassenen Fällen bedarf deshalb der vorherigen schriftlichen Einwilligung des Verlags. Hinweis zu §§ 46, 52a UrhG: Weder das Werk noch seine Teile dürfen ohne eine solche Einwilligung eingescannt und in ein Netzwerk gestellt oder sonst öffentlich zugänglich gemacht werden. Dies gilt auch für Intranets von Schulen und sonstigen Bildungseinrichtungen.

Projektleitung: Gabriele Teubner-Nicolai, Berlin
Redaktion: Marion Clausen, Berlin
Herstellung: Brigitte Bredow/Regina Meiser, Berlin
Satz/Layout: Ulla Barth, Berlin
Umschlaggestaltung: Magdalene Krumbeck, Wuppertal
Umschlagfoto: © shutterstock.com
Druck und Bindung: CPI – Clausen & Bosse, Leck
Printed in Germany
ISBN 978-3-589-23322-9

Inhalt gedruckt auf säurefreiem Papier,
umweltschonend hergestellt aus chlorfrei gebleichten Faserstoffen.

Inhalt

Vorwort 6

1 Leistungsbewertung als Teil der Lernkultur 7
1.1 Individuelles Lernen und kooperatives Arbeiten bewerten 7
1.2 Kompetenzen erfassen und bewerten 11
1.3 Leistungsrückmeldung im Dialog mit anderen 13
1.4 Bedingungen für eine gelungene Leistungsbewertung 15

2 Chancen und Grenzen der Leistungsbeurteilung 21
2.1 Beschreibung des Ist-Zustands 21
2.2 Dimensionen des Leistungsbegriffs 29
2.3 Bezugsnormen der Leistungsbeurteilung 37
2.4 Fehlerquellen bei der Bewertung 40
2.5 Erweiterung des Lern- und Leistungsbegriffs 42
2.6 Neue Kriterien für Beurteilungen 44
2.7 Beobachten als Bewertungsgrundlage von Lernkompetenzen .. 47

3 Transparenz und Gerechtigkeit 53
3.1 Klassenarbeiten und Klausuren 56
3.2 Offene, kreative und produktionsbezogene Aufgaben 62
3.3 „Sonstige" Leistungen 63
3.4 Haushefte und Mappen 74
3.5 Produktionsorientierte Leistungen 76
3.6 Darstellerische Leistungen 78

4 Stationen auf dem Weg zu einer lernförderlichen Leistungsbewertung 80
4.1 Aus Rückmeldungen lernen 80
4.2 Aufgaben angemessen gestalten 86
4.3 Selbstbewertung integrieren 96
4.4 Gruppenleistungen bewerten 105
4.5 Kompetenzentwicklung beschreiben 113
4.6 Formen schriftlicher Leistungsrückmeldung nutzen 125
4.7 Ein neues Konzept der Leistungsbewertung anwenden 127
4.8 Kopiervorlagen für den beruflichen Alltag 133

Verzeichnis der Kopiervorlagen, Beispiele und Übersichten ... 168
Literatur 170
Register 172

Vorwort

Ein Trichter für alle – dieses Bild vom Lehren trifft nicht mehr zu. Der Unterricht an deutschen Schulen hat sich in den letzten 20 Jahren deutlich gewandelt: Aus dem „Lernen im Gleichschritt" wurde ein komplexer Prozess, der auf *pädagogischer Diagnose* beruht, die zu *individualisierenden Unterrichts-* und *Lernkonzepten* führt, die wiederum auf der Basis gestufter *Kompetenzmodelle* entwickelt werden. So weit, so gut – was aber steht am Ende dieses Prozesses?

Spätestens, wenn es um die Vergabe der Zeugnisnoten geht, wird aus dem komplexen Unterrichtsprozess doch wieder ein standardisiertes Einheitsverfahren der Leistungsbewertung – die Schüler kommen (symbolisch) in einen großen Trichter (!) und fallen durch sein Rohr in einen von sechs Töpfen, auf denen sechs dürre Ziffern von 1 (sehr gut) bis 6 (ungenügend) stehen. Auch die Punktebewertung der gymnasialen Oberstufe ändert hieran nichts Grundlegendes, denn das System mit seinen 16 „Töpfen" (von 0 bis 15 Punkte) ist zwar genauer, damit aber noch keineswegs individualisierter oder kompetenzorientierter.

Typisch auch der Versuch unseres Heimat-Bundeslandes Niedersachsen, vor gut 10 Jahren „Kopfnoten" für Sozial- und Arbeitsverhalten einzuführen: Nachdem wir Lehrer uns einige Jahre (teilweise sehr aufwändig) an verbalen Beschreibungen geübt hatten, legte das Ministerium verbindlich fünf Notenstufen fest (von 1 = „verdient besondere Anerkennung" bis 5 = „entspricht nicht den Erwartungen"), sodass sich auf den Zeugnisformularen auch hier nur jeweils eine Ziffer finden lässt.

Gewiss gibt es Ausnahmen wie die Lernstandsdokumentationen und Lernentwicklungsberichte der Grundschulen oder der unteren Klassen vieler Integrierter Gesamtschulen, aber das sind eben nicht die Regelfälle.

Wir finden: Leistungsmessung und -bewertung muss zu den neuen Unterrichtskonzepten passen, und das heißt, sie muss *prozessorientiert* und *schülerbezogen* sein und sich am *Kompetenzbegriff* orientieren!

Wie Sie das in Ihrem Unterricht umsetzen können, das möchten wir Ihnen in diesem Buch zeigen, das Ihnen viele Hilfestellungen für Ihren Berufsalltag geben soll. Viel Erfolg!

Oktober 2011
Liane Paradies, Franz Wester, Johannes Greving

Leistungsbewertung als Teil der Lernkultur

1.1 Individuelles Lernen und kooperatives Arbeiten bewerten

Die zunehmende Heterogenität der Lerngruppen – oder mehr noch: die zunehmende *Akzeptanz* von Heterogenität als positiver Voraussetzung für die Organisation von Lernprozessen – hat zu einer Leitidee von Unterricht und Schule geführt, die bestimmt ist von einer starken Binnendifferenzierung und einer Öffnung des Unterrichts. Beide dienen der individuellen Förderung in schulischen Lernarrangements. Auf diese Weise bekommen Schülerinnen und Schüler mehr Möglichkeiten, die individuellen Kompetenzen zu entfalten und Verantwortung für das eigene Lernen zu übernehmen. In den Leitgedanken zu den Thüringer Lehrplänen aus dem Jahr 2009 heißt es dazu (THÜRINGER MINISTERIUM FÜR BILDUNG, WISSENSCHAFT UND KULTUR, 2009, 13):

Die Kompetenzentwicklung des Schülers einzuschätzen heißt, dass dessen Leistung mit Hilfe geeigneter Instrumente beobachtet bzw. ermittelt, verbal eingeschätzt oder benotet wird. Daraus sind individuelle Fördermaßnahmen abzuleiten, die dem Schüler Erfolg ermöglichen und das Vertrauen in die eigene Leistungsfähigkeit stärken.

Für die Leistungsbewertung hat dies zur Konsequenz, dass nicht mehr allein der in Noten ausgedrückte Leistungsstand im Kontext einer Lerngruppe von Interesse ist, sondern vor allem die *individuelle Lern- und Leistungsentwicklung*. Noten allein können die hier notwendigen Informationen nicht transportieren.

Lernen ist immer eine individuelle Leistung

Für die Lehrperson stellt sich die Frage, wie sie die Lernentwicklung für jeden Schüler, jede Schülerin angesichts der individuellen Lernvoraussetzungen (Individualnorm) bewerten und optimieren kann. Fachliche Anforderungen (Sachnorm/Standards) bilden den Orientierungsrahmen zur Verortung, der Leistungsstand der Lerngruppe (Sozialnorm) kann für die realistische Einschätzung eine wichtige Hilfe bieten.

Wie kann man die Lernentwicklung jedes einzelnen Schülers optimieren

Leistungsrückmeldungen bzw. Lernentwicklungsgespräche in den verschiedenen Varianten (Schüler/Eltern/Lehrer; Lehrer/Schüler; Lehrer/Eltern; Schüler/Schüler; Lehrer/Lehrer) sind auf individuelle Leistungszuwächse fokussiert. Für die Übergänge, Abschlüsse oder Zertifikate ist wichtig, wie der individuelle Leistungsnachweis angesichts der fachlichen Anforderungen (Sachnorm) zu bewerten ist. Die Einordnung der Leistung in die Ergebnisse der Lerngruppe (Sozialnorm) kann dazu ein wichtiger Kontrollmaßstab sein. Die hinter dem Leistungsnachweis liegende Lernleistung (Individualnorm) ist für die Selbstwahrnehmung bzw. für das Selbstbild von hoher Bedeutung.

Die unterschiedlichen Perspektiven führen zu unterschiedlichen Schwerpunkten in der Auswahl der Kriterien, was sich wiederum auf die Erfassung der Kompetenzen bzw. auf die Leistungsmessung und die Instrumente in der Rückmeldung auswirkt. Unter dem Gesichtspunkt der Förderung rücken Leistungsbewertung und Diagnostik in einen engeren Zusammenhang.

Diagnose hat das primäre Ziel, das Lernen des Schülers zu verbessern. Es ist die Aufgabe von Lehrern, die Grundsätze der Diagnose im Fachkollegium abzusprechen, geeignete Instrumente zu entwickeln, auszuwählen und einzusetzen. Aufbauend auf den Diagnoseergebnissen müssen Beratung und Förderung mit Blick auf die individuelle Entwicklung der Schüler folgen.
(THÜRINGER KULTUSMINISTERIUM 2009, 18)

Die Anforderungen an die diagnostischen Maßnahmen im Unterrichtsalltag sollten allerdings realistisch bleiben. Spezifische Diagnosen z. B. bei Teilleistungsstörungen oder die Testqualität bei den großen internationalen Schulleistungsuntersuchungen („Large-Scale-Assessments") können nicht der Maßstab sein.

Lehrerdiagnosen müssen sich nicht durch neutrale Objektivität, sondern durch pädagogisch günstige Voreingenommenheiten auszeichnen. (...) Lehrerdiagnosen während des Unterrichts sollten sensitiv gegenüber Verhaltens-, Wissens- und Motivationsänderungen der Schüler und darauf einwirkender unterrichtlicher Maßnahmen sein. (...) Von pädagogischer Bedeutsamkeit ist also weniger die Zustands- als die Verlaufsdiagnostik.
(WEINERT/SCHRADER 1986, 18)

Realistische Anforderungen an Diagnose stellen

ELSBETH STERN geht noch einen Schritt weiter. Sie zeigt auf, welches Risiko besteht, wenn Diagnostik eine Eigendynamik gewinnt.

> *Die in Psychologie und Pädagogik entwickelten Konstrukte zur Beschreibung interindividueller Unterschiede sowie die daraus entstandenen Diagnose-Instrumente bilden nur einen Teil der Unterschiede zwischen den Menschen ab. Aus diesem Grunde ist ihr Nutzen bei der Gestaltung von Lernumgebungen und bei der Zuordnung von Schülern zu diesen Lernumgebungen begrenzt. Personenbezogene Diagnosen, aus denen keine gezielten Handlungsempfehlungen abgeleitet werden können, sind nicht hilfreich, sondern diskriminierend.*
> (STERN 2004, 39)

▶ Entwicklungsfragen

- Wie kann mit einem vertretbaren Aufwand der individuelle Leistungszuwachs erfasst, dokumentiert und an Schüler/Schülerinnen und Eltern zurückgemeldet werden?
- Wie können die Rückmeldungen zu Leistungsnachweisen in lernförderliche, unterstützende Aktivitäten umgesetzt werden?
- Wie können die Unterschiede in den Leistungsniveaus bei den Leistungsnachweisen berücksichtigt werden?
- Wie sollten dementsprechend die Aufgaben für die Leistungsnachweise konstruiert werden?

Vom Umgang mit Heterogenität zur Individualisierung
Inzwischen ist der Umgang mit einer zunehmend heterogenen Schülerschaft an den meisten Schulen alltägliche Praxis. An einigen Schulen führt die Weiterentwicklung bereits zu einem individualisierenden Unterricht.

Im individualisierenden Unterricht nimmt die Lehrkraft jeden einzelnen Schüler intensiv mit ihren bzw. seinen Stärken und dem momentanen Entwicklungsstand in den Blick und unterstützt ihn individuell in seinem Lernprozess. Die Lernenden gestalten ihren Lernprozess entsprechend ihres Vorwissens, ihrer Interessen, ihrer Leistungsfähigkeit und ihrer Lernstrategien selbst und übernehmen Verantwortung für ihr Lernen. Innerhalb eines Referenzrahmens (z. B. in Form eines Kompetenzrasters, eines Themenplans etc.) erlangen sie ein Bewusstsein über ihren aktuellen Leistungsstand und können sich erreichbare Ziele setzen. Dabei werden sie von den Lehrenden in ihrem Lernprozess begleitet und unterstützt, z. B. durch Lernstandsgespräche, individuelle Leistungsrückmeldungen oder Lernvereinbarungen. Die Verantwortung für ihr Lernen wird den Schülern selbst zugetraut und zugemutet. Sie entscheiden, ob und – in Grenzen – was sie lernen wollen, und können auch die Folgen ihrer Entscheidung zunehmend einschätzen. ▶

Ihren Lernweg und den aktuellen Lernstand dokumentieren sie z. B. in einem Logbuch oder einem Portfolio. Die zu bearbeitenden Aufgaben- und Problemstellungen lassen unterschiedliche Lösungswege zu, können auf verschiedenen Niveaustufen gelöst und in Einzel- oder Teamarbeit bearbeitet werden. Unterstützt wird individualisiertes Lernen durch eine Veränderung der Lernzeiten (Rhythmisierung), durch klassen- und jahrgangsübergreifende Lernangebote, durch die Verfügbarkeit entsprechender Räume und Materialien sowie durch den Zugang zu unterschiedlichen Medien. (PARADIES/WESTER/GREVING 2010, 12)

Individualisierung bedeutet im Kern, dass Schüler zunehmend in die Verantwortung für das Lernen einbezogen werden. In der Leistungsbewertung bildet sich dieser Anspruch vielfältig ab, z. B. durch die Integration von Selbst- und Fremdbewertung oder durch flexible Termine für die Tests und/ oder Leistungsnachweise.

▶ Entwicklungsfragen

- Wie lassen sich Selbst- und Fremdbewertung durch Schüler/Schülerinnen und Lehrkräfte im Lernarrangement miteinander verknüpfen?
- Wie lässt sich die Trennung von Monitoring (Fehlerfreundlichkeit, Fehler als Lernimpulse) und Leistungsnachweis und -bewertung (Fehlervermeidung, z. B. in Prüfungen) in der Praxis umsetzen?
- Wer hat welche Verantwortung für die einzelnen Schritte in der Leistungsbewertung, z. B. für die Wahl des Zeitpunkts für den Leistungsnachweis?

Individuell lernen und kooperativ arbeiten
Schon die Öffnung des Unterrichts und die damit verbundene Erweiterung des Lernbegriffs haben zu einer starken Ausweitung kooperativer Lern- und Arbeitsformen geführt. Aber auch individualisierender Unterricht schließt kooperatives Arbeiten als zentrales Mittel zur Förderung individueller Lernprozesse ein.

In diesen Arbeitsformen werden die Ergebnisse der Leistungen von ganz unterschiedlichen Faktoren beeinflusst. In den Leitgedanken zu den Lehrplänen Thüringens liest sich das so (THÜRINGER MINISTERIUM FÜR BILDUNG, WISSENSCHAFT UND KULTUR 2009):

Das Kompetenzmodell der Thüringer Lehrpläne bedingt einen erweiterten Lernbegriff. Er wird durch fachlich-inhaltliche, sozial-kommunikative, ▶

methodisch-strategische und persönliche Dimensionen des Lernens konkretisiert. Dies führt zu einem erweiterten Leistungsbegriff, der die gesamte Lernentwicklung des Schülers ganzheitlich erfasst und reflektiert. Ein pädagogisches Leistungsverständnis, das auf die Entwicklung von Lernkompetenz der Schüler fokussiert ist, wird durch folgende Merkmale beschrieben:

Merkmale der Leistungsbewertung

- Die Leistungsbewertung ist produkt- und prozessbezogen.
- Die Leistungsbewertung schließt individuelles Lernen und Lernen in der Gruppe ein.
- Die Leistungsbewertung fördert die individuelle Eigenverantwortung, die Leistungsbereitschaft und die Lernmotivation als eine Bedingung für erfolgreiches Lernen.
- Die Leistungsbewertung trägt dazu bei, dass der Schüler lernt, den eigenen Lernprozess und die eigene Leistung sowie die der Lerngruppe zu reflektieren und einzuschätzen.

Die Gesamtbewertung z. B. einer Projektarbeit muss entsprechend Kriterien aus verschiedenen Teilbereichen heranziehen. Dafür spielen produkt-, prozess- und präsentationsbezogene Kriterien eine wichtige Rolle. Allerdings dürfen die Verfahren zur Erfassung individueller Leistungen in Gruppenprozessen nicht zu dominierend werden. Sie könnten die Synergieeffekte von unterschiedlichen Kompetenzen in Gruppen gefährden, wenn es letztlich nur um den Nachweis von Einzelleistungen geht.

▶ Entwicklungsfragen zur Bewertung von Gruppenleistungen

- Wie kann man die Transparenz und Klarheit von Kriterien gewährleisten?
- Wie lassen sich die Gruppen angemessen an der Bewertung beteiligen?
- Wie können individuelle Leistungsunterschiede in der Bewertung von Gruppenarbeiten/Projekten berücksichtigt werden?

1.2 Kompetenzen erfassen und bewerten

Die Orientierung an Kompetenzen in den Bildungsplänen führt zu der neuen Anforderung, sie angemessen zu erfassen und zu beschreiben. *Angemessen* heißt, die Komplexität von Kompetenzen einerseits und die Praktikabilität ihrer Erfassung und Beschreibung im schulischen Alltag andererseits auszubalancieren. Was wir unter Kompetenzen verstehen, drückt das folgende Zitat aus: Kompetenzen sind ...

(...) die bei Individuen verfügbaren oder von ihnen erlernbaren kognitiven Fähigkeiten und Fertigkeiten, bestimmte Probleme zu lösen sowie die damit verbundenen motivationalen, volitionalen und sozialen Bereitschaften und Fähigkeiten, die Problemlösungen in variablen Situationen erfolgreich und verantwortungsvoll zu nutzen. Kompetenz ist eine Disposition, die Personen befähigt, bestimmte Arten von Problemen erfolgreich zu lösen, also konkrete Anforderungssituationen eines bestimmten Typs zu bewältigen.
Die individuelle Ausprägung der Kompetenz wird von verschiedenen Facetten bestimmt: Fähigkeiten, Wissen, Verstehen, Können, Handeln, Erfahrung, Motivation.
(Weinert 2001, 27)

Die sich hier deutlich abzeichnende Komplexität des Begriffs birgt ein Risiko in sich, nämlich die Lehrkräfte zu überfordern, wenn Kompetenzorientierung in der Bewertung undifferenziert zur generellen Forderung wird. Es ist wichtig, das Kompetenzkonzept nur in Bezug auf die Bewältigung komplexer Anforderungen zu nutzen, soll heißen, wenn zur Bewältigung dieser komplexen Anforderungen sowohl kognitive als auch motivationale, willensmäßige und soziale Komponenten gehören. Nach Weinert ist das Kompetenzkonzept nur zu nutzen, wenn Lernprozesse zu den notwendigen Voraussetzungen gehören, in denen vieles gelernt, aber nur wenig direkt gelehrt werden kann. Anders ausgedrückt:

Die Ausbildung von Kompetenzen kann nicht direkt angesteuert werden. (…) Es geht eher darum, genau zu verfolgen, was passiert, dies auf geeignete Weise zu dokumentieren und wo nötig gemeinsam nachzusteuern.
(Winter 2004, 214)

Wie erhält man bessere qualitative Aussagen

So gesehen sind punktuelle Tests, Klassenarbeiten oder Prüfungen, deren Ergebnisse in Noten zusammengefasst sind, als alleinige Grundlage einer Kompetenzbeschreibung, z. B. in einem Lernentwicklungsgespräch, kaum geeignet. Qualitative Aussagen erhält man dagegen mithilfe von:
- Beobachtungsbögen für eine kriteriengeleitete Beobachtung,
- Selbst- und Fremdbewertung mithilfe von Checklisten und Kompetenzrastern/Lernlandkarten,
- Arbeits- und Lernjournal,
- Portfolio.

Die genannten Instrumente und Formen können auch miteinander verbunden werden, wie es z. B. in einem Portfolio möglich ist.

Fazit: Mit der Festlegung von Bildungszielen in den Bildungsplänen, die als Kompetenzen formuliert sind, hat sich die Erweiterung des Lernbegriffs etabliert. Dementsprechend kann sich die Leistungsbewertung nicht mehr nur auf die Reproduktion von Wissen beschränken.

Die Kompetenzorientierung erfordert die Anwendung von Wissen zur Lösung von realen Problemen. Das wiederum verlangt den Einsatz von methodischen und personalen Ressourcen der Schüler, je nach individuellen Voraussetzungen mit unterschiedlichen Schwerpunkten auf abgestuften Niveaus.

▶ Entwicklungsfragen

- Wie lassen sich Kompetenzen in schulischen Arrangements erfassen, bewerten, dokumentieren und zurückmelden?
- Wie kann man die bisher bewährten Instrumente an die neuen Anforderungen anpassen?
- Welche neuen Verfahren, z. B. an „Assessments" orientiert, und welche Instrumente sind im Kontext eines spezifischen Unterrichts- bzw. Lernkonzepts hilfreich?
- Wie kann die Qualität im Umgang mit den neuen Instrumenten garantiert werden?

1.3 Leistungsrückmeldung im Dialog mit anderen

Die schulische Leistungsmessung reicht selten an die Testqualität von empirischen Untersuchungen heran. Daher sind Formen der Vermittlung und kommunikativer Validierung besonders wichtig. Statt um Objektivität und Reliabilität geht es stärker um *Intersubjektivität*. Intersubjektivität ist gegeben, wenn eine Beurteilung von mehreren Personen (Lehrer/Schüler; Lehrer/Lehrer) nachvollzogen und akzeptiert werden kann. Dies führt zu einigen Veränderungen für die Lehrkräfte. Lernvereinbarungen in der Folge der Leistungsbewertung in Tests oder Klassenarbeiten, Schüler-Eltern-Lehrer-Gespräche, Schülersprechtage, Lernberatung in Lernentwicklungsgesprächen oder das Lerncoaching erfordern eine *Erweiterung des Profils der Lehrerrolle*.

Sprechtage für Eltern, Schüler und Schülerinnen sind in den Schulen eigens für eine Rückmeldung und Beratung durch die Lehrkräfte eingerichtet. Allerdings wird hier überwiegend einseitig informiert. Im 10-Minuten-Rhythmus werden bis zu 60 Gespräche in zwei Tagen „durchgezogen". Echte, individuelle Beratung findet da nur selten statt. Es gibt aber Schulen, die mit Erfolg eine andere Praxis entwickelt haben.

Gespräche verdampfen. Darum ist es wichtig, die Ergebnisse der Gespräche mit geeigneten Instrumenten so zu dokumentieren, dass Handlungsimpulse unmittelbar zu erwarten sind. Gesprächsführung, Zielvereinbarung und Lernvertrag gehören deshalb in der Lernberatung eng zusammen. Die beratenden Lehrkräfte brauchen *Gesprächskompetenz*, damit realistische Ziele mit den Beteiligten vereinbart werden, die in konkreten Handlungen ihren Ausdruck finden.

Am deutlichsten wird das neue, von beiden Seiten aktive Zusammenwirken von Lehrkräften und Lernenden in dem Ansatz des *Lerncoachings* artikuliert. Im „Institute for Advanced Studies" der Universität Kiel wurden entsprechende Qualifizierungsprogramme und Zertifizierungen entwickelt. Unter „Lerncoaching" wird ein professioneller Beratungs- und Begleitprozess verstanden mit dem Ziel, individuelles Lernen zu fördern.

Was leistet „Lerncoaching"

Lerncoaching unterstützt und begleitet personales, gruppales und organisationales Lernen auf vereinbarter Basis in geeigneten Lern- und Beratungssettings durch Methoden induktiver Beratung und Intervention mit dem Ziel, Aufgaben, Probleme, Situationen und Herausforderungen beim Aufbau und bei der Erweiterung von Lernkonzepten, Selbstmanagement und Wissensorganisation bewältigen zu können.

(HAMEYER/PALLASCH 2009, 4)

Der Begriff „induktive Beratung" deutet an, dass die konkrete Situation des Lernenden, in die das Coaching eingebunden ist, echter Ausgangspunkt für die Entwicklung einer Strategie ist, nicht nur der Anstoß. Insofern ist es auch schlüssig, dass die subjektiven Sichtweisen und Erklärungsmuster des „Coachees" (Klient/Schüler) zu den zu erhebenden Bedingungen gehören, auch Wünsche, Ängste und Bedürfnisse sollten erfasst werden. Da dies in Gesprächen geschieht, ist die Kompetenz zur Gesprächsführung ein zentraler Einflussfaktor auf den Erfolg des Coachings.

Eine authentische, nachhaltig befriedigende Bearbeitung und Lösung kann nur dann erfolgen, wenn die persönliche, individuelle Weltsicht des Coachee, dessen subjektive Konstrukte, Selbsteinschätzungen und Konnotationen als Basis für den Lerncoachingprozess verstanden und genutzt werden.

(PETERSEN/PETERSEN/PALLASCH 2009, 16)

Das bekannte Schweizer Institut Beatenberg, auch in Deutschland ein Vorbild für viele innovative Entwicklungen, titelte in der Institutszeitschrift „Überblick": *Jedes Kind hat einen Coach.* Dort heißt es weiter:

Schon vor vielen Jahren hat es sich das Institut Beatenberg zur Aufgabe gemacht, die individuelle schulische und persönliche Förderung der Jugendlichen ins Zentrum der Arbeit zu stellen. Das bedeutet unter anderem: Alle Lernenden haben einen persönlichen Coach. Er ist Bezugsperson und unterstützt die Jugendlichen dabei, Ziele zu entwickeln – und sie zu erreichen. Oder wie es Darren Cahill, Coach von Andre Agassi, formuliert hat: ‚Ich verhelfe ihm zum Erfolg, dafür bin ich da'. (INSTITUT BEATENBERG 2009, 1)

Die Begründung für dieses Konzept ist interessant, weil sie das Coachingangebot nicht als Stütze eines schwachen Schülers oder als Hilfe in der Not beschreibt, sondern auf die Leistung ausrichtet.

Das Gefühl, etwas geleistet, erfolgreich mit Widerständen umgegangen, ein Ziel erreicht zu haben, ist der Nährboden für das Vertrauen in die eigenen Fähigkeiten. Das heißt: Lernende brauchen Erfolgserlebnisse, Kompetenzerfahrungen. Das setzt Leistungen voraus. Und Leistungen gedeihen am besten in einem Klima der Herausforderung, des Vertrauens, der Verbindlichkeit.

(ebenda)

1.4 Bedingungen für eine gelungene Leistungsbewertung

Gleichzeitig mit den anspruchsvollen Lehr-/Lernarrangements, die der an Bildungsstandards und Kompetenzen orientierte Unterricht erfordert, müssen sich auch die *Normen der Prüfungssysteme* und die darauf aufbauende Leistungsbewertung qualitativ entwickeln. In der Praxis haben sich folgende Bedingungen als besonders hilfreich herauskristallisiert, damit die Leistungsbewertung im modernen Unterricht gelingen kann:

- Leistungsbewertung und Leistungsrückmeldungen sind integrierter Bestandteil der Lernarrangements. Sie sind nicht unabhängig von der Entwicklung des Lehrens und Lernens zu verändern.
- Lernprozesse und Lernergebnisse müssen in der Bewertung aufeinander bezogen werden.
- Methodische Arrangements und Instrumente der Bewertung sind auf kommunikative Validierung ausgerichtet, sie erlauben den direkten Blick auf die Leistung.
- Von den Lehrerinnen und Lehrern wird die Entscheidung über methodische Arrangements und Instrumente an den spezifischen Zielen orientiert, die in der Situation verfolgt werden. Dazu ist ein gemeinsames Verständnis der Nutzung des Kompetenzbegriffs vereinbart.

- Inwieweit neue Beurteilungs- und Rückmeldeformen wirksam sind, ist abhängig von der Akzeptanz durch die Schülerinnen und Schüler. Diese wiederum ist abhängig davon, ob der Unterricht, der einer Leistung zugrunde liegt, akzeptiert wird.
- Entscheidungen und Vereinbarungen über das zukünftige Lernen haben Einfluss darauf, wie über Leistungen kommuniziert wird und welche Rückmeldungen gegeben werden.
- Von Schülern selbst vorgenommene Bewertungen (innere Rückmeldungen) fließen in die Kommunikation ein und werden mit den äußeren Rückmeldungen in Bezug gesetzt.

Sechs Schritte zur Änderung der Rahmenbedingungen

Was muss konkret getan werden, wenn Kompetenzorientierung und Individualisierung als Leitvorstellungen für den Unterricht auch in der Leistungsbewertung umgesetzt werden sollen? Wie lassen sich Entwicklungsfelder abgrenzen, die aufeinander aufbauen, aber auch unabhängig voneinander bearbeitet werden können?

Wir haben sechs Schritte zusammengestellt, die auf dem Weg zur notwendigen Änderung der Rahmenbedingungen helfen:
1. Rückmeldungen anpassen,
2. Erwartungen klären: Kriterien/Ziele verdeutlichen,
3. kommunikative Validierung nutzen,
4. Selbstbewertung integrieren,
5. Gruppenleistungen bewerten,
6. an Kompetenzen und Standards orientieren.

1. Rückmeldungen anpassen

Schülerinnen und Schüler sollten nachvollziehen können, welche Kriterien der Bewertung zugrundeliegen, und ein Verständnis dafür entwickeln, was eine Leistung zu einer guten Leistung macht. Das ist besonders wichtig, wenn zunehmend individuelle Arbeitsergebnisse zur Bewertung anstehen, die man nicht immer unmittelbar mit denen der Mitschüler vergleichen kann. Zu einer institutionalisierten Rückmeldekultur gehören:

Eine Rückmeldekultur fest verankern

- allgemeine und inhaltliche Korrekturbögen,
- Kommentierungen der Noten durch Bemerkungen zu den Lernfortschritten,
- Standardisierung von Rückmeldungen (Bausteine),
- Kommentierung der Rückmeldung durch die Schüler.

2. Erwartungen klären: Kriterien/Ziele verdeutlichen

Erfolgskontrolle und Leistungsbeurteilung bleiben auch im individualisierenden Unterricht wichtige Bestandteile, werden aber stärker in der Planung berücksichtigt. Die Aufgabe besteht darin, komplexe Ziele in und zwischen den Lernfeldern festzulegen und genau deutlich zu machen, welche Absichten der Unterricht verfolgt. Dies erfordert, dass in der Planungsphase mit den Schülern gemeinsam die Kriterien erarbeitet werden (Kompetenzraster). Nach Abschluss der Übungsphasen wird dann ebenfalls gemeinsam geschaut: Woran könnten wir den Leistungsstand messen und erkennen? Musterlösungen oder Checklisten helfen dabei, den individuellen Leistungsstand festzustellen.

3. Kommunikative Validierung nutzen

In der Regel stellen in der Praxis die Lehrkräfte ihre Überlegungen hinsichtlich des konkreten Beurteilungsverfahrens und die Kriterien der Beurteilung vor. Bei zunehmender Erfahrung und mit steigendem Alter können Schülerinnen und Schüler selbst bei der Erstellung der Kriterien mitwirken und Beurteilungen durchführen, z. B. mithilfe von Beobachtungsbögen.

Schülerinnen und Schüler müssen bis ins Detail verstehen, welche Leistung sie erbringen müssen, um die einzelnen Beurteilungskriterien zu erfüllen. Dementsprechend genau muss die Lehrkraft vorher überlegen, wie die jeweiligen Kriterien feststellbar sind, wie sie bewertet werden und ob sie für Schülerinnen und Schüler verständlich formuliert sind.

Während des Unterrichts- und Beurteilungsprozesses werden immer wieder Reflexionsphasen eingefügt, sodass regelmäßig und gemeinsam über diesen Prozess nachgedacht und reflektiert wird. Dabei werden Unklarheiten beseitigt, notwendige Veränderungen eingebracht und Erkenntnisfortschritte ermöglicht.

Gemeinsame Reflexionsphasen einbauen

4. Selbstbewertung integrieren

Wenn Schülerinnen und Schüler über ihre eigene Arbeit und das Ergebnis reflektieren, lernen sie ihr Lernverhalten besser kennen und können dies bewusst kontrollieren und beeinflussen. Die zu dieser Zielsetzung passenden Instrumente können sein:
- Lern- oder Arbeitsjournal,
- Portfolio,
- Selbsteinschätzung im Zusammenhang mit Gruppenbewertungen.

Als Hilfsmittel dienen die Kompetenzraster, von denen bereits die Rede war.

5. Gruppenleistungen bewerten

Für die Qualität der Gruppenarbeit sind die folgenden drei Faktoren entscheidend:
- Strukturierung der Gruppen durch Regeln (organisatorisch, zeitlich, inhaltlich, methodisch ...),
- Berücksichtigung von Lern- und Arbeitsvoraussetzungen,
- Reflexion der Erfahrungen und ggf. Förderung der Teamfähigkeiten oder Arbeitstechniken durch Trainingselemente.

Wie kann eine Gruppe ihre Arbeit bewerten

Gruppenleistungen fließen in gemeinsam geschaffene Produkte ein. An ihrer Bewertung sollte die Gruppe beteiligt werden. Wie kann dies angemessen und ohne Überforderung geschehen? Ein Beispiel:

Der Vorschlag zur Bewertung des Gruppenproduktes wird jeder Gruppe zur Stellungnahme vorgelegt und detailliert begründet. Die Gruppen diskutieren unabhängig vom Lehrer diesen Vorschlag. In ihrer anschließenden Stellungnahme sollen die Gruppen auch ihre Entscheidung für oder gegen eine gemeinsame Note für alle Gruppenmitglieder einbauen. Bewertet werden z. B.
- die Präsentation (Beteiligung, Lebendigkeit, Medieneinsatz),
- der Informationsgehalt (Richtigkeit, Aktualität),
- das Journal (Vollständigkeit, Reflexivität).

6. An Kompetenzen und Standards orientieren

Bildungsstandards formulieren Anforderungen an das Lehren und Lernen in der Schule. Sie benennen Ziele, ausgedrückt als erwünschte Lernergebnisse der Schülerinnen und Schüler, und konzentrieren sich auf Kernbereiche eines bestimmten Fachs. Sie decken nicht die ganze Breite eines Lernbereichs ab, legen aber verbindlich fest, über welche Kompetenzen ein Schüler verfügen muss, wenn wichtige Ziele der Schule als erreicht gelten sollen. Die Kompetenzen werden so konkret beschrieben, dass sie in Aufgabenstellungen umgesetzt werden können und das Kompetenzniveau, das Schülerinnen und Schüler erreicht haben, zuverlässig erfasst werden kann.

Mindest- oder *Minimalstandards* beziehen sich dabei auf ein definiertes Minimum an Kompetenzen, das alle Schülerinnen und Schüler zu einem vorher festgelegten Zeitpunkt in ihrer Schullaufbahn erreicht haben müssen.

Regelstandards beschreiben Kompetenzen, die im Durchschnitt, „in der Regel", von den Schülerinnen und Schülern einer Jahrgangsstufe erreicht werden sollen. *Exzellenz-* oder *Maximalstandards* beziehen sich darauf, was die besten Schülerinnen und Schüler der jeweiligen Jahrgangsstufen können sollten.

Kompetenzraster sollen das Lernen steuern. Ziel ist eine stärkere Selbststeuerung durch die Schülerinnen und Schüler. Ein Kompetenzraster ist eine Folie, in der die Einzelkompetenzen mit Aufgaben unterlegt sind. Für die Leistungsrückmeldungen gilt: Nur in Kombination mit den Aufgaben kann ich die Leistungen erkennen, die erbracht sind, und eine für Eltern und Schüler nachvollziehbare Prognose entwickeln, die den angestrebten Leistungsfortschritt beschreibt. Daraus resultiert eine Empfehlung vor allem für Lehrer-Eltern-Gespräche: Wählen Sie typische Aufgaben aus, die das Kind lösen kann, und solche Aufgaben, die es nur mit einer Erweiterung der Kompetenzen lösen wird.

Eines ist allerdings völlig klar und wird auch von empirischen Studien eindeutig belegt: Alle mit Schule befassten Personen und Institutionen – also Lehrer, Schüler, Eltern, Behörden, Wirtschaftsverbände etc. – sind sich einig über die grundsätzliche Notwendigkeit, Leistungen messen, bewerten, vergleichen, ausdifferenzieren und hierarchisieren zu müssen. Es geht in diesem Buch also keineswegs um eine „Schule ohne Noten", sondern um zeitgemäße, gerechtere und differenzierte Formen und Methoden der Leistungsbewertung.

> Konkrete Hinweise und Beispiele zu den Entwicklungsfeldern finden Sie im Kapitel 3.

Unter *zeitgemäß* verstehen wir, dass der Lernprozess und das Lernergebnis in der Bewertung aufeinander bezogen und dass methodische und soziale Kompetenzen in ihrer Bedeutung für das Leistungsergebnis kenntlich gemacht werden.

Mit *gerechter* meinen wir, dass man Fehler, die unabhängig von der Unterrichtsentwicklung immer wieder in der Bewertung auftauchen (Halo-Effekt, Teilleistungen als Voraussetzung für Gesamtleistung), vermeiden sowie die Aufgabenkonstruktion optimieren kann. Uns ist klar, dass in der Leistungsbewertung die Grenzen der Gerechtigkeit schnell erreicht sind.

Differenzierte Formen der Leistungsbewertung verlangen klare Bewertungsziele (Beschreibung der Entwicklung, Rangfolge innerhalb einer Gruppe), eindeutige Kriterien und eine Auswahl der entsprechenden Darstellungsformen.

Es geht in erster Linie um die Optimierung der bestehenden Praxis und nicht um das Erfinden neuer Formen der Leistungsbewertung.

Wie aber kann Leistung überhaupt begrifflich und praktisch gefasst werden? Helfen juristische, technische oder künstlerische Annäherungen an die Leistungsdimension(en) der Pädagogik weiter? Die einfachste Antwort auf das Problem der Leistungsdefinition haben die Naturwissenschaftler, speziell die Physiker: Leistung ist Kraft mal Weg durch Zeit. Wer bei normalen Erdschwerkraftverhältnissen ein Gewicht von 100 Kilo in einer Sekunde einen Meter hoch hebt, leistet etwa ein Kilowatt.

So weit, so gut. Aber kann diese Leistungsdefinition pädagogisch überhaupt genutzt werden? Wir denken, grundsätzlich schon, denn sie enthält drei zentrale Aspekte. Leistung setzt sich zusammen aus:

Wie setzt sich Leistung zusammen

- Einer genau definierten Arbeit, also geistiger oder körperlicher Anstrengung; Leistung ist *normorientiert* und lässt *sich messen*.
- Einem zurückzulegenden Weg: Das Gewicht befindet sich nach Erbringen der Leistung an einem anderen „Ort" (geografisch, kognitiv, methodisch, affektiv …) als vorher; Leistung ist *prozess-* und *ergebnisorientiert*.
- Einer Zeitvorgabe: Leistung kann nicht beliebig lange dauern, sondern ist in einem Zeitrahmen zu erledigen. Die Zeit ist bei allen Tests (auch PISA, TIMMS, IGLU etc.) begrenzt; Leistung ist *selektionsorientiert*. Die Begrenzung der Zeit führt zur Selektion bzw. verstärkt diese.

Chancen und Grenzen der Leistungsbeurteilung

2.1 Beschreibung des Ist-Zustands

Die nach wie vor überwiegend vorherrschende Form der schulischen Leistungsmessung ist gekennzeichnet durch die Einfriedung der individuellen Leistung in ein festes und vorgegebenes Notensystem – reichend von „sehr gut" (1) bis „ungenügend" (6). Die Definition dieser sechs Leistungsstufen wird – z. B. in Niedersachsen durch einen ministeriellen Erlass – im Regelfall (scheinbar) sehr präzise gefasst:

> *Für die Beurteilung der Leistungen werden in Zeugnissen nur die Noten ‚sehr gut', ‚gut', ‚befriedigend', ‚ausreichend', ‚mangelhaft' und ‚ungenügend' verwendet. Den Noten sind entsprechend dem Beschluss der Kultusministerkonferenz vom 3.10.1968 die folgenden Definitionen zugrunde zu legen:*
>
> *1. sehr gut (1)*
> *Die Note ‚sehr gut' soll erteilt werden, wenn die Leistung den Anforderungen in besonderem Maße entspricht.*
>
> *2. gut (2)*
> *Die Note ‚gut' soll erteilt werden, wenn die Leistung den Anforderungen voll entspricht.*
>
> *3. befriedigend (3)*
> *Die Note ‚befriedigend' soll erteilt werden, wenn die Leistung im Allgemeinen den Anforderungen entspricht.*
>
> *4. ausreichend (4)*
> *Die Note ‚ausreichend' soll erteilt werden, wenn die Leistung zwar Mängel aufweist, aber im Ganzen den Anforderungen noch entspricht.*
>
> *5. mangelhaft (5)*
> *Die Note ‚mangelhaft' soll erteilt werden, wenn die Leistung den Anforderungen nicht entspricht, jedoch erkennen lässt, dass die notwendigen Grundkenntnisse vorhanden sind und die Mängel in absehbarer Zeit behoben werden können.*
>
> *6. ungenügend (6)*
> *Die Note ‚ungenügend' soll erteilt werden, wenn die Leistung den Anforderungen nicht entspricht und selbst die Grundkenntnisse so lückenhaft sind, dass die Mängel in absehbarer Zeit nicht behoben werden könnten.*
>
> *(RdErl. d. MK v. 24.5.2004 - 303-83203 SVBl. 12/2010, 480)*

Um die sechs Leistungsstufen auf die mündlichen Leistungen – genauer: auf die mündliche Beteiligung am Unterricht – leichter übertragen zu können, existieren an vielen Schulen *Bewertungsbögen* bzw. Kriterienlisten. Sie sollen das Messen dieser Leistungen möglichst objektiv und transparent gestalten. Das folgende Beispiel stammt aus dem Gymnasium, an dem einer der Autoren tätig ist.

Kriterien zur Beurteilung der mündlichen Leistung

Situation im Unterricht	Fazit	Note/ Punkte
Keine freiwillige Mitarbeit. Äußerungen nach Aufforderung sind falsch.	Die Leistung entspricht nicht den Anforderungen. Selbst Grundkenntnisse sehr lückenhaft; Mängel nicht in absehbarer Zeit behebbar.	Note: 6 Punkte: 0
Keine freiwillige Mitarbeit. Äußerungen nach Aufforderung sind nur teilweise richtig.	Die Leistung entspricht nicht den Anforderungen; notwendige Grundkenntnisse jedoch vorhanden; Mängel in absehbarer Zeit behebbar.	Note: 5 Punkte: 1-3
Nur gelegentlich freiwillige Mitarbeit. Äußerungen beschränken sich auf die Wiedergabe einfacher Fakten und Zusammenhänge aus dem unmittelbar behandelten Stoffgebiet; sind im Wesentlichen richtig.	Die Leistung weist zwar Mängel auf, entspricht im Ganzen aber noch den Anforderungen.	Note: 4 Punkte: 4-6
Regelmäßig freiwillige Mitarbeit. Im Wesentlichen richtige Wiedergabe einfacher Fakten und Zusammenhänge aus unmittelbar behandeltem Stoff. Verknüpfung mit Kenntnissen aus der gesamten Unterrichtsreihe.	Die Leistung entspricht im Allgemeinen den Anforderungen.	Note: 3 Punkte: 7-9
Verständnis schwieriger Sachverhalte und deren Einordnung in den Gesamtzusammenhang des Themas. Erkennen des Problems, Unterscheidung zwischen Wesentlichem und Unwesentlichem. Kenntnisse vorhanden, die über die Unterrichtsreihe hinausreichen.	Die Leistung entspricht in vollem Umfang den Anforderungen.	Note: 2 Punkte: 10-12

Situation im Unterricht	Fazit	Note/Punkte
Erkennen des Problems und dessen Einordnung in einen größeren Zusammenhang. Sachgerechte und ausgewogene Beurteilung; eigenständige gedankliche Leistung als Beitrag zur Problemlösung. Angemessene, klare sprachliche Darstellung.	Die Leistung entspricht den Anforderungen in ganz besonderem Maße.	Note: 1 Punkte: 13-15

Ein Kriterienkatalog dieser Art bildet sicherlich einen guten Ausgangspunkt für mehr Objektivität bei der Bewertung mündlicher Leistungen, denn diese werden ziemlich genau beschrieben und damit schon „entsubjektiviert". Die Tabelle enthält aber genau wie die Leistungsdefinitionen des Niedersächsischen Kultusministeriums einen entscheidenden Mangel: Die *Beschreibung* der Leistungsanforderungen bedeutet nicht gleichzeitig und „automatisch" deren *Operationalisierung*! Es bleibt also die entscheidende Frage offen, wie man diese Leistungen in Teilbereiche zerlegen, messen und quantifizieren kann.

Weiter in Richtung auf eine differenziertere Benotungskultur gelangt man allein dadurch, dass man die starren Merkmalsbündel der obigen Tabelle auflöst, sodass individuelle, auf den einzelnen Schüler zugeschnittene Kombinationen der Teilleistungen möglich sind, wie sie die Auflistung auf der nächsten Seite zeigt.

Kennzeichnend für dieses System ist die von allen Beteiligten – Schülern, Lehrern, Eltern und Schulaufsicht – mehr oder weniger deutlich formulierte Erwartung der *Gaußschen Normal-Verteilungskurve* in Bezug auf jede beliebige Lerngruppe: Ein Großteil der Schülerleistungen befindet sich im mittleren Bereich (befriedigend bis ausreichend), nach oben (gut bis sehr gut) wie nach unten (mangelhaft bis ungenügend) werden es deutlich weniger Schüler. Die Erwartung dieser „Normalverteilung" ist durchaus sinnvoll, denn die durchschnittliche Verteilung der Intelligenz in einer nach anderen Kriterien zusammengestellten Lerngruppe, wie es Klassen ja sind, entspricht weitestgehend diesem Schema. Der größte Teil der Schüler wird durchschnittlich intelligent sein – und Intelligenz ist eine valide Basis für die Vorhersage von Leistungen.

Bewertungsmatrix für mündliche Leistung

Leistungsaspekt	Beschreibung	Note
1. Mitarbeit und Äußerungen: quantitativ	Sagt … • nie etwas • nur nach Aufforderung • gelegentlich • regelmäßig • herausragend oft	6 4-5 3-4 2-3 1-2
2. Mitarbeit und Äußerungen: qualitativ	Äußerungen … • sachlich durchweg falsch • sachlich überwiegend falsch, aber notwendige Grundkenntnisse im Ansatz vorhanden • sachlich überwiegend richtig • sachlich durchgängig richtig	6 4-5 3-4 1-2
3. Verknüpfungs- und Vernetzungsfähigkeit	• keine Fähigkeiten zur Wiedergabe • Wiedergabe einfacher Fakten und Zusammenhänge aus dem unmittelbar behandelten Stoff • Verknüpfung mit Kenntnissen der Unterrichtseinheit • Verknüpfung über die Unterrichtseinheit (ggf. über das Fach) hinaus	6 4-5 3 1-2
4. Problemerkennungs- und Problemlösefähigkeit	• nicht vorhanden • Probleme werden grundsätzlich benannt • Unterscheidung von Wesentlichem und Unwesentlichem • sachgerechte, ausgewogene und eigenständige Urteilsfähigkeit	6 4-5 3 1-2
5. Allgemeiner Sprachgebrauch und Verwendung von Fachsprache	• umgangssprachlich, unpräzise; schwammig, unsachlich • unbeholfen deskriptiv, aber grundsätzlich nachvollziehbar • im Ansatz analytisch, aber noch deutlich verbesserungsfähig; Fachsprache im Ansatz beherrscht • analytisch; präziser Zugriff, sicherer Gebrauch der Fachsprache; klare, sprachliche Darstellung	6 4-5 3 1-2

Im Regelfall gibt es zumindest eine klare, gesetzlich bzw. durch Erlass geregelte Untergrenze. In den niedersächsischen Sekundarstufen I beträgt sie

z. B. bei Klassenarbeiten 30 Prozent. Sind mehr Ergebnisse mangelhaft oder ungenügend, muss die Klassenarbeit entweder wiederholt oder als begründeter Sonderfall vom Schulleiter genehmigt werden. Lehrer, die dauerhaft von dieser Normalverteilung abweichen, müssen mit kritischen Nachfragen rechnen.

Also nicht die grundsätzliche Existenz der Normalverteilung bildet das Problem, sondern ihre von der diagnostischen Tätigkeit abgekoppelte Handhabung seitens vieler Lehrer. Statt erwartetes und tatsächliches Ergebnis zur Diagnose des eigenen Unterrichts und der eigenen Einschätzung der Leistungsfähigkeit der Schüler zu nutzen und daran Diagnose- und Fördermaßnahmen zu fokussieren, wird (sicherlich häufig unbewusst und im besten Glauben und Wollen) jede Lerngruppe – häufig wohl auch das Bewertungsraster – so „getrimmt", dass sie der Normalerwartung entspricht. Das ist übrigens genau das, was viele Schulleitungen und -aufsichten fordern und erwarten – wer sich als Lehrer entsprechend verhält, ist also unter diesem Gesichtspunkt auf der sicheren Seite.

In den letzten Jahren ist unter den Bildungspolitikern die Einsicht gewachsen, dass dieses Noten- bzw. Punktesystem überfordert ist, wenn es Aspekte wie Sozialverhalten, Arbeitshaltung, Fleiß, Pünktlichkeit oder Ordnung aufnehmen und gleichzeitig soziale, individuelle und sachliche Normen miteinander verknüpfen soll. Das Verhalten der Schüler und ihre Einstellungen zu den Aufgaben sind eben keineswegs stabil und kontinuierlich, sondern variieren von Fach zu Fach, von Lehrer zu Lehrer, und auch innerhalb des Fachs von Thema zu Thema und Aufgabenart zu Aufgabenart.

Mittlerweile gehen viele Schulen und besonders Integrierte Gesamtschulen – zumindest in den unteren Jahrgangsstufen der Sekundarstufe I – einen anderen Weg: Statt der üblichen Notenzeugnisse gibt es halbjährliche *Lernentwicklungsberichte*. Diese gliedern sich in drei Teile:

- einen allgemeinen, von dem oder den Klassenlehrern verfassten Teil, der sich mit Aspekten wie Sozialverhalten, Arbeitshaltung, Fleiß, Pünktlichkeit oder Ordnung befasst,
- einen fachlichen Teil, in dem alle Fachlehrer die jeweiligen Leistungen verbal beschreiben,
- und schließlich einen Teil, in dem der Schüler selber Stellung zur Leistungsbewertung und zu seiner Person (und den Vorsätzen für das nächste Halbjahr) nimmt.

Drei Teile des Lernentwicklungsberichts

Das folgende Beispiel zeigt Ausschnitte aus dem Fachteil eines Lernentwicklungsberichts:

(…)
Geschichte
Du zeigst nach wie vor großes Interesse am Fach Geschichte. Du bringst dich mit durchdachten Beiträgen ein, verfügst über das zu erarbeitende Unterrichtswissen und stellst in Referaten deine umfangreichen Kenntnisse vor. Probleme bereiten dir das strukturierte und systematische Arbeiten. Es fällt dir schwer, konkrete Fragen auf den Punkt genau zu beantworten. Du schweifst leicht ab, indem du weitere nicht geforderte Aspekte einbringst. Das ist grundsätzlich positiv, führt aber häufig zur Überschätzung des zur Verfügung stehenden Zeitrahmens.
Deine Methodenkompetenz und die damit einhergehenden Arbeitstechniken sollten systematisch erarbeitet und weiter entwickelt werden.
(…)
Mathematik
Du bist in der Lage, Chancen und Wahrscheinlichkeiten abzuschätzen und zu vergleichen, sie durch Brüche auszudrücken und damit zu rechnen. Das Addieren und Subtrahieren gleichnamiger und ungleichnamiger Brüche bereitet dir ebenfalls keine Schwierigkeiten. Deshalb kannst du auch Brüche nach ihrer Größe ordnen und vergleichen.
Bei der Flächenberechnung gelingt dir die Lösung von Problemen ohne Schwierigkeiten. Du übersetzt Sachaufgaben in mathematische Rechenoperationen und umgekehrt. Du kannst Grundrisse lesen, maßstabsgerechte Zeichnungen anfertigen und unterschiedlich große Flächen miteinander vergleichen. Bemühe dich aber immer um saubere geradlinige Skizzen. Schwierigkeiten bereiten dir beim Dividieren die Grundrechenarten und ihre Anwendungen. Diese Fähigkeiten lassen sich sicher im nächsten Jahr verbessern.
Deine mathematischen Leistungen hast du auch in diesem Jahr erheblich verbessern können.
(…)

Das Beispiel macht deutlich, dass verbale Bewertungen einen unschätzbaren Vorteil gegenüber Ziffernnoten aufweisen, wenn es um die individuelle Entwicklung von *Verhaltensänderungen* geht. Sie bieten konkrete Anlässe zur gemeinsamen kommunikativen Validierung, auch wenn mit verbalen Bewertungen nicht automatisch bessere Diagnosefähigkeiten der Lehrer erzeugt werden. Allerdings gibt es drei gravierende *Risiken* dieses Systems:
- Je geringer die Diagnosekompetenz der Lehrer, desto höher ist auch das Risiko, in die verbale Beurteilung subtile Formen der Persönlichkeitsbewertung auf der Basis von subjektiven Persönlichkeitstheorien zu integrieren.

- Häufig ist es sehr leicht möglich, eine Verbalbeurteilung in bloße Noten „rückzuverwandeln": Eine Formulierung wie „deine Leistungen im Fach Deutsch waren im letzten Halbjahr befriedigend" sagt nicht mehr aus als ein „befriedigend" in einem Notenzeugnis. Aber auch Formulierungen wie „das Lösen von quadratischen Gleichungen musst du noch üben, um zu guten Ergebnissen zu gelangen" sind – obwohl deutlich aussagekräftiger als das Deutschbeispiel – ohne Mühe in eine „Drei plus" rückzuverwandeln.
- Das Schreiben von Lernentwicklungsberichten ist ausgesprochen zeitaufwändig! Da liegt die durch den Computer möglich gewordene Versuchung nahe, im Sinne eines arbeitsökonomischen Vorgehens mit Textbausteinen zu arbeiten. Damit aber gerät der ursprüngliche Anspruch – nämlich individuell auf jeden einzelnen Schüler einzugehen und seine Schwächen und Stärken differenziert verbal auszuloten – in Gefahr; inwieweit, das hängt wesentlich von der Menge und dem Grad der Differenziertheit der Bausteine ab.

Versetzen wir uns kurz in die Zeit vor etwa 100 Jahren. Stellen wir uns eine Unterprima (heute 12. Klasse) und den Gymnasialprofessor Rat (von den Schülern nur „Unrat" genannt) vor. Zur Klassenlektüre „Schiller, Die Jungfrau von Orléans" sollte ein Deutschaufsatz geschrieben werden …

(…) Der Primus nahm den Zettel vor seine kurzsichtigen Augen und machte sich langsam ans Schreiben. Alle sahen mit Spannung unter der Kreide die Buchstaben entstehen, von denen so viel abhing. Wenn es nun eine Szene betraf, die man zufällig nie ‚präpariert' hatte, dann hatte man ‚keinen Dunst' und ‚saß drin'. Schließlich stand dort oben zu lesen:

‚Johanna: Es waren drei Gebete, die du tatst;
Gib wohl acht, Dauphin, ob ich sie dir nenne!'
(Jungfrau von Orleans, erster Aufzug, zehnter Auftritt.)
Thema: Das dritte Gebet des Dauphins.

Als sie dies gelesen hatten, sahen sie alle einander an. Denn alle ‚saßen drin'. Unrat hatte sie ‚hineingelegt'. Er ließ sich mit einem schiefen Lächeln im Lehnstuhl auf dem Katheder nieder und blätterte in seinem Notizbuch. ‚Nun', fragte er, ohne aufzusehen, als sei alles klar, ‚wollen Sie noch was wissen? … Also los!' Die meisten knickten über ihrem Heft zusammen und taten, als schrieben sie schon. Einige starrten entgeistert vor sich hin. ‚Sie haben noch fünfviertel Stunden', bemerkte Unrat gleichmütig, während

Zitat aus
Heinrich Mann:
Professor Unrat

er innerlich jubelte. Dieses Aufsatzthema hatte noch keiner gefunden von den unbegreiflich gewissenlosen Schulmännern, die durch gedruckte Leitfäden es der Bande ermöglichten, mühelos und auf Eselsbrücken die Analyse jeder beliebigen Dramenszene herzustellen.
(...) Auf alle Fälle mußte über dieses dritte Gebet, ja selbst über ein viertes und fünftes, wenn Unrat es verlangt hätte, irgend etwas zu sagen sein. Über Gegenstände, von deren Vorhandensein man nichts weniger als überzeugt war, etwa über die Pflichttreue, den Segen der Schule und die Liebe zum Waffendienst, eine gewisse Anzahl Seiten mit Phrasen zu bedecken, dazu war man durch den deutschen Aufsatz seit Jahren erzogen. Das Thema ging einen nichts an; aber man schrieb. Die Dichtung, der es entstammte, war einem, da sie schon seit Monaten dazu diente, einen ‚hineinzulegen', auf das Gründlichste verleidet ... (Aus: MANN, HEINRICH: Professor Unrat, erschienen 1905)

Was hat diese antiquierte Szene mit der schulischen Gegenwart zu tun? Sicher lässt sie sich nicht „eins zu eins" auf heute übertragen, dafür haben hundert Jahre (schul-)geschichtlicher Entwicklung glücklicherweise gesorgt – aber gibt diese Szene, die uns heute nur schmunzeln lässt, nicht im Kern doch noch die Stärken und Schwächen des heutigen Beurteilungssystems wieder? Welche Vor- und Nachteile also hat das „Unrat'sche System"?

Schauen wir zuerst auf die *Vorteile*:
- Es bezieht sich auf ein überschaubares Stoffgebiet; die Schüler können sich sicher sein, dass keine früher gelesene Lektüre „drankommt".
- Es stellt einen klaren Rahmen her: Erlaubt ist nichts als die Benutzung des eigenen Gedächtnisses.
- Es definiert (auf seine Art) klare Leistungsanforderungen: Je besser der Schüler die Lektüre und eventuelle Sekundärschriften gelesen (am besten: auswendig gelernt) hat, desto besser wird er die Prüfung bestehen.
- Es macht keinerlei Hehl aus der Selektionsfunktion von Leistungsbewertung.

Die *Nachteile* überwiegen:
- Die Leistungsüberprüfung bezieht sich ausschließlich auf den kognitiven Bereich, genauer gesagt auf den „Anforderungsbereich 1" (Kennen); weder problemlösendes Denken durch Aufbau von Kompetenzen noch die Orientierung auf Alltagstauglichkeit spielen eine Rolle.
- Die Sinnhaftigkeit der Prüfung bleibt den Schülern völlig verborgen; im Gegenteil erleben sie die Prüfung als sadistisches Ritual.

- Dieses Ritual ist zudem völlig weltfremd und künstlich, denn die Situation, dass man weder auf andere Mitmenschen noch auf Hilfsmittel (Lexika, Quellen, Internet …) zurückgreifen kann, gibt es „im wirklichen Leben" so gut wie nie.
- Die affektive Lernzielebene wird – wenn überhaupt – nur negativ tangiert: Keiner dieser Schüler wird später noch Vergnügen an der Schiller-Lektüre entwickeln können.
- Jeder handelnde Umgang mit der Thematik, jede Möglichkeit, sich den Stoff im Sinne Pestalozzis „zu eigen zu machen", wird verhindert.

In dem Zitat aus dem Buch „Professor Unrat" geht es nicht nur um die Leistungsüberprüfung, sondern vor allem um *Macht* und die Demonstration der *Überlegenheit*. Zum Glück richtet moderner Unterricht die Rolle des Lehrers eher auf *Beratung/Mentoring* und eine Form von komplementärer Interaktion aus, die aber deutlicher auf Entwicklung und Integration von Selbststeuerung angelegt ist.

Wenn es gelingt, Leistungsüberprüfung und Bewertung als Element dieses Entwicklungsprozesses zu integrieren, dann ist ein erster Schritt getan. Das gelingt am leichtesten, wenn die individuelle Leistungsentwicklung (Individualnorm) in den Blick genommen wird.

Dennoch: Spätestens am Ende der Schullaufbahn wird die Funktion der Zertifizierung durch die Schule das Verhältnis von Lehrern und Schülern treffen, der Lehrer muss mit der Macht der Institution leben. Manchem gefällt das, andere haben damit eher ihre Probleme.

Vergleichsarbeiten, zentrale Prüfungen und das Zentralabitur könnten in diesem Fall auch eine Chance sein; vielleicht ergibt sich sogar die Situation, dass Lehrer und Schüler sich gemeinsam geprüft fühlen – und so zu einer neuen Form von Solidarität finden.

Entsteht eine neue Form der Solidarität zwischen Schüler und Lehrer

2.2 Dimensionen des Leistungsbegriffs

Unsere modernen (post-)industriellen Gesellschaften sind ohne das Streben nach und das Erbringen von Leistung schlechterdings nicht denkbar – das hat Max Weber mit seinem grundlegenden Werk zur protestantischen Ethik bereits vor hundert Jahren nachgewiesen, und der weltgeschichtliche (Globalisierungs-)Prozess zeigt, dass die Leistungsgesellschaft überall in der Welt an Boden gewinnt.

Wie aber wird der *Leistungsbegriff* in unserer Gesellschaft gesehen? Beispiele für Leistungen gibt es jeden Tag in unserer Medienwelt: Leistungen in Sport, Politik, Technik, Kultur, im täglichen Leben, bei abstrusen Höchstleistungen für das Guinness-Buch der Rekorde etc. Man fragt sich oft vergeblich, wem diese Leistungen eigentlich nützen und was sie Tolles bewirken, aber dennoch werden sie positiv bewertet – etwas leisten ist durch und durch gut und sinnvoll! (Niemand würde dagegen ernsthaft auf die Idee kommen, die Taten eines Mörders oder Bankräubers als Leistung zu bezeichnen!) Dieser Begriff ist also sehr unmittelbar mit unserem gesellschaftlichen Wertesystem verknüpft.

Wir alle werden tagtäglich mit Leistungserwartungen an uns konfrontiert. Doch wie unterscheiden sich die Leistungsanforderungen an bestimmte Gruppen oder auch an Einzelne in der Gesellschaft, wie werden sie definiert, wer definiert sie und welche Leistungen sind gefragt? Für Schüler aller Schulformen und Jahrgänge lässt sich das relativ einfach beantworten: Hier wird der Leistungsbegriff ausschließlich mit Schule verbunden und – noch eine Kategorie enger gefasst – unmittelbar an die schulischen Noten geknüpft.

Leistung als gesellschaftliches Phänomen

Welche Funktion hat die Schule für die Gesellschaft

Auch außerhalb der Schule werden schulische Leistungen fast unmittelbar an die schulischen Noten geknüpft. Für die Gesellschaft hat die Schule eine fünffache Funktion:

1. Die *Qualifikationsfunktion*: Noten sollen eindeutig, nachvollziehbar und objektivierbar den Leistungsstand des zu Beurteilenden unter speziellen, genau definierten Aspekten dokumentieren und dem zu Beurteilenden selbst eindeutige Kriterien liefern. Unter diesem Aspekt ist Leistungsbewertung also ein Teil der kritischen Selbsteinschätzung. In der Konsequenz für den zukünftigen Unterricht müsste sich ein Schüler also die Frage stellen: Wie komme ich zu einer realistischen Selbsteinschätzung?

2. Die *Selektionsfunktion*: Die Schule ist in unserer freien Leistungsgesellschaft der Ort, an dem für die jungen Menschen die Sozialchancen für das weitere Leben primär vergeben werden – diese manchem Pädagogen schmerzhaft anmutende Bestimmung von Schule darf und kann nicht ignoriert werden. Ohne ein komplexes System von Leistungsmessungen und -bewertungen könnte Schule diesem gesellschaftlichen Auftrag nicht nachkommen. Die Selektionsfunktion generiert in der Praxis die Frage: Wie komme ich zu guten Noten? Sie kann kontraproduktiv wirken im Hinblick auf die Qualität der Selbsteinschätzung.

3. Die *Legitimationsfunktion*: Die beiden oben skizzierten Funktionen kann Schule nur dann erfüllen, wenn sowohl die betroffenen Schüler als auch die „abnehmende" Gesellschaft die Kriterien und die konkrete

Durchführung der individuellen Leistungsbewertung als gerecht empfinden. Nur wenn alle – ungeachtet der vielleicht „ungerechten" Details – die Maßstäbe für die Verteilung der Lebenschancen als angemessen und fair begreifen, kann Schule ihren gesellschaftlichen Auftrag erfüllen.

4. Die *Informationsfunktion*: Leistungsbeurteilungen geben den ausbildenden Betrieben, den weiterführenden Schulen und den Hochschulen Informationen über Ausbildungs- und Leistungsstände der sich Bewerbenden. Noten haben allerdings einen geringen Informationswert über vorhandene Kompetenzen, vielmehr signalisieren sie den Platz in einer Rangfolge. Das ist ein besonderes Problem für weiterführende Schulen, wenn sie lern- oder leistungsschwache Schüler aufnehmen müssen (Berufsvorbereitungsklassen oder Berufsgrundbildungsklassen). Diese Schüler haben oft Probleme, ihre Kompetenzen zu präsentieren, nicht zuletzt deshalb, weil sie ein diffuses Selbstbild mitbringen.

5. Die *Sozialisierungsfunktion*: Schule vermittelt die Existenz und Gültigkeit von Leistungsnormen. Diese können sich von den gültigen Normen in der Familie, im Freundeskreis etc. erheblich unterscheiden. Andererseits können gleiche Leistungen in unterschiedlichen Bereichen unterschiedlich bewertet werden: Hilfsbereitschaft zählt im Freundeskreis viel, in der Schule geht es (bisher) mehr um den Nachweis individueller Leistungsfähigkeit. Anstrengungsbereitschaft zählt in der Schule mehr als emotionale Zuwendung; gute Leistungen in Mathematik sagen nichts über den Status in der Freundesgruppe aus.

Am ehesten lassen sich Leistungsnormen in der Schule mit denen der Arbeitswelt verbinden. Insofern sozialisiert die Schule nicht nur mit Blick auf die Leistungen allgemein, sondern auch mit Blick auf die Anforderungen in der Arbeitswelt. Das gelingt umso eher, als auch die sogenannten *Sekundärtugenden* in unterschiedlichen Formen zum Tragen kommen. In Projekten und anderen kooperativen Arrangements lassen sich Sinn und Wirksamkeit erfahren. Deshalb ist es so wichtig, dass z. B. Projekte nicht von der Leistungsorientierung freigemacht bzw. von der Leistungsidee abgekoppelt werden.

Leistung als psychologisches Phänomen

Leistung wird in der Psychologie so definiert: Leistung ist der Vollzug und das Ergebnis von Tätigkeiten in unterschiedlichen Handlungsfeldern. Leistung als *psychologisches Phänomen* hat drei unterschiedliche Dimensionen, die individuelle, die soziale und die zielorientierte Dimension:

- Die Selbsteinschätzung der eigenen geistigen Fähigkeiten und Kapazitäten setzt die persönliche Norm.
- Die Eingebundenheit in das soziale Miteinander des privaten und familiären Bereichs und die damit verbundenen Standards konstituieren die soziale Norm.
- Die eigene Lebensplanung schließlich bezieht sich auf die zielorientierte Dimension; hier sind u. a. Berufs-, Karrierewünsche und -ziele, die angestrebte Stellung in der Gesellschaft, die innere Bereitschaft, hierfür etwas zu tun, wichtig.

Auch persönliche Eigenarten und Eigenschaften oder Fähigkeiten beeinflussen die Beurteilungen eines anderen. Häufig konnten wir in den Schulen beobachten, dass Schüler bei schlechten Leistungen die Gründe für ihr Verhalten eher in den äußeren Umständen begründet sahen, die zu dieser Situation geführt hatten, und nicht in ihrem eigenen Unvermögen. Natürlich gibt es, wie die Forschung gezeigt hat, unterschiedliche Strategien zwischen verschieden leistungsstarken Schülern, die eng an das jeweilige Selbstkonzept gebunden sind: Je leistungsschwacher ein Schüler ist, desto größer seine (statistische) Neigung zu destruktiver Selbstkritik. Einige der biografischen Kurzporträts in den letzen Shell-Jugendstudien belegen dies eindrucksvoll (zuletzt: ALBERT/HURRELMANN/QUENZEL 2010).

Der Lehrer dagegen macht das schlechte Abschneiden in erster Linie an den individuellen, persönlichen Merkmalen des Schülers fest, an seinen fehlenden Kenntnissen und am mangelnden Üben. Einige der genannten Kriterien waren: Anstrengungsbereitschaft, Fähigkeiten, Selbstständigkeit, Konzentrationsfähigkeit, Ausgeglichenheit. Die Qualität des eigenen Unterrichts spielte eine ebenso untergeordnete Rolle wie die individuellen fachspezifischen Kenntnisse der Schüler.

Vorkenntnisse und Vorinformationen beeinflussen unsere Sicht über die menschlichen Eigenschaften eines Schülers. Sie bilden praktisch die Basis, mit der wir alle weiteren Informationen verknüpfen und die wir durch aktuelle Erlebnisse erweitern. Wir ordnen die neuen Informationen in Bezug auf die schon bekannten ein und interpretieren sie. So entsteht ein Schülerbild, das wir uns „zurechtgeschustert" haben, indem wir Informationsdefizite durch eigene plausibel erscheinende Rückschlüsse ergänzten (implizite Persönlichkeitstheorien).

Schon 1946 hat SOLOMON ASCH diese Zusammenhänge in Experimenten nachgewiesen. Gesunder Menschenverstand und Menschenkenntnis bilden hier die Grundlage für Schülerbeurteilungen.

In unserer Schulzeit war es noch üblich, dass der Beruf des Vaters in das Klassenbuch eingetragen wurde. Wurde ein Schüler besser bewertet, wenn bekannt war, dass der Vater an der Universität Mathematik unterrichtete oder als Arzt arbeitete? Das war wohl oft der Fall, weshalb die sogenannten „familiären Verhältnisse" schon lange aus den Klassenbüchern verschwunden sind.

Subjektive Theorien über Schüler wie „Fleißige, ordentliche Schülerinnen haben auch Ordnung in ihren Heften und Gedanken" oder „Schülerinnen sind sprachbegabter als Schüler" haben ebenfalls Auswirkungen auf die Beurteilungen. Die individuelle Sichtweise des Lehrers (seine subjektive Alltagstheorie) bildet dabei den Maßstab für konkrete Entscheidungen.

Leistung als pädagogisches Phänomen

Im 19. Jahrhundert bildete sich ein Leistungsbegriff in den Schulen aus, der sich an überprüfbarem Wissen und Können orientierte, damit sollten die Voraussetzungen für die weiterführenden Schulen gesichert sein. Die unterschiedlichen Fächer und ihre fachspezifischen Anforderungen prägen diesen Leistungsbegriff. Mithilfe von Tests oder Klassenarbeiten werden die individuellen Leistungen gemessen und bewertet (zensiert). Die nachweisbaren Ergebnisse – die Produkte – stellen die schulische Leistung dar.

Dagegen wird in der Reformpädagogik Anfang des 20. Jahrhunderts ein Leistungsbegriff in den Vordergrund gerückt, der sich an der individuellen Lern- und Entwicklungsmöglichkeit der Schüler orientiert: Ausgehend von der Chancenungleichheit der Schüler und den fehlenden Kriterien und Maßstäben zur Leistungserfassung und -messung entwickeln z. B. MARIA MONTESSORI, CÉLESTIN FREINET und PETER PETERSEN eine ganzheitliche, am jeweiligen Individuum orientierte Sichtweise, die sich mit der Leistungsmessung durch schlichte Benotung nicht verträgt.

Heute versuchen wir, diese beiden Leistungsbegriffe miteinander zu verbinden. Dabei haben sich in der neueren Diskussion über die *pädagogischen Dimensionen der Leistungsbewertung* einige Eckpunkte herauskristallisiert:

Pädagogische Dimensionen der Leistungsbewertung

- Leistung ist nicht „frei" feststellbar; der die Leistung Beurteilende setzt immer Normen und Schwerpunkte.
- Leistung bedarf nicht nur der Fremdbeurteilung (durch den Lehrer), sondern auch der Selbstbeurteilung – nur so können die eigene Leistungsfähigkeit realistisch eingeschätzt, neue Lernsituationen angemessen antizipiert und damit letztlich selbstständig und selbstbewusst bewältigt werden.
- Leistung ist subjektbezogen, d. h., alle objektivierbaren, testtheoretisch

orientierten Verfahrensweisen messen die je spezifisch individuellen Leistungen immer weniger, je mehr sie sich entindividualisierten, objektivierten Kriterien nähern. Ein allgemeiner Beobachtungsbogen, der für alle Schüler in Deutschland entwickelt würde, müsste notwendigerweise sehr abstrakt sein, wäre zwar scheinbar extrem objektiv, könnte aber die konkrete Individualität jedes einzelnen Schülers nur mit Blick auf die Ausfüllung der Kriterien erfassen. Wollte er die Individualität insgesamt erfassen, müsste er verändert, angepasst, spezifiziert werden, und genau dann ginge die ganze „Objektivität" wieder verloren.

- Leistung ist wesentlich auch prozessorientiert. Alle traditionellen Formen der Leistungsbewertung haben ausschließlich das Produkt im Auge; die Beurteilung des (Lern-)Prozesses, der zu diesem Produkt geführt hat, bleibt außerhalb des Wahrnehmungshorizonts. Dies ist mittlerweile auch in den Fokus der Bildungspolitiker geraten. Im niedersächsischen Organisationserlass für die Sekundarstufe I aus dem Jahr 2010 (RdErl.d.MK v. 27.4.2010 – 32-81023/1 – VORIS 22410, Punkt 6.2) findet sich die folgende Formulierung: „Die Leistungsbewertung darf sich nicht in der punktuellen Leistungsmessung erschöpfen, sondern muss den Ablauf eines Lernprozesses einbeziehen." Die Konsequenzen sind nicht immer klar und eindeutig. Wird das gleiche Ergebnis unterschiedlich oder werden Teilergebnisse getrennt bewertet?

Die *pädagogische Funktion der Leistungsbewertung* unterscheidet sich daher zum Teil erheblich von ihrer gesellschaftlichen Aufgabe und psychologischen Funktion:

Die *Qualifikationsfunktion* erfüllt auch unter dem pädagogischen Aspekt die gleiche Funktion wie oben skizziert. Zeugnisse sind für die Schüler in erster Linie Rückmeldungen über den erreichten Leistungsstand.

Zwei wesentlich komplexere Funktionen, die der Selektionsfunktion in der Praxis oft diametral widersprechen, hat die Leistungsmessung aber unter dem pädagogischen Aspekt: die der *Lerndiagnose* und der *Lernberatung*. Dahinter steht das Konzept der individuellen Förderung des Schülers, also die Vorstellung, dass man nicht alle über einen Kamm scheren kann.

Die *Berichtfunktion* gilt für Schüler, Eltern und Lehrer: Der Schüler erhält Informationen über seine Lernentwicklung, Lernfortschritte, Lernerfolge und Leistungsstände, er wird aber gleichzeitig auch mit seinen Mitschülern verglichen. Der Lehrer erhält Informationen zur Wirksamkeit seines Unterrichts und über die Lernstände seiner Schüler. Die Eltern werden über Lernstände informiert.

Die *Motivations-* und *Förderungsfunktion* ist ambivalent: Schüler werden durch Leistungsbeurteilung nicht nur motiviert, sich mit bestimmten Lerninhalten zu beschäftigen, sondern sie können so auch individuell gefördert werden. Andererseits muss eine sehr wichtige Einschränkung gemacht werden: Da Leistungsbeurteilung immer auch eine selektive Wirkung hat, können Schüler dann, wenn sie nicht die gewünschte Leistung erbringen, sehr leicht demotiviert und blockiert werden! Wir sind daher der Meinung, dass es im Lernprozess immer auch beurteilungsfreie (Monitoring-)Phasen geben muss, und werden auf diesen Aspekt später ausführlich zu sprechen kommen.

Fazit:
- Der eng gefasste, auf das Endergebnis bezogene und mit testtheoretischen (Schein-)Vorgaben operierende Leistungsbegriff muss um wesentliche Dimensionen erweitert werden.
- Der Prozess der Leistungsbewertung muss getragen werden von klaren Vereinbarungen zwischen Lehrer und Schülern sowie permanenter Reflexion der Leistungsnormen und der Kommunikation darüber.

Konsequenzen für die Praxis der schulischen Leistungsbewertung
Welche Fragen müssen Pädagogen beantworten, wenn sie als Lehrer die Lernfortschritte, Lernergebnisse und Lernfähigkeiten ihrer Schüler messen? Lesen Sie in folgender Übersicht, welche Fragen für die Beschreibung, Bewertung, Einstufung und Auswertung von fünf Funktionen wichtig sind.

1. Förderfunktion
(Anreize geben, zur Persönlichkeitsstärkung beitragen, zur Selbstdisziplin befähigen)
Beschreibung:
Welche Fortschritte gibt es?
Welche Kenntnisse, Fertigkeiten und Fähigkeiten werden sicher beherrscht?
Bewertung:
Welche Anerkennung, welche Kritik für Verhalten und Leistung ist angebracht?
Einstufung:
In welchen Punkten ist die erwartete Leistung übertroffen, voll erreicht, teilweise erreicht, nicht erreicht?

Wichtige Fragen für jeden Lehrer

Auswertung:
Wie und wodurch kann dem Schüler Anerkennung vermittelt, ein Ansporn gegeben werden?

2. Kontrollfunktion
(Arbeitsverhalten und Arbeitsergebnisse kontrollieren)
Beschreibung:
Welche Unterrichtsziele sind wie weit erreicht?
Bewertung:
Gehen unbefriedigende Lernergebnisse auf Fehler des Lehrers, unzureichende Arbeitsleistung oder ungenügende Lernvoraussetzungen zurück?
Einstufung:
Wie können die Kenntnisse, Fähigkeiten und Fertigkeiten eingestuft werden im Hinblick auf die Lerngruppe?
Auswertung:
Wo können oder müssen spezielle Fördermaßnahmen ergriffen werden?

3. Berichtsfunktion
(Rückmeldungen an Schüler und Eltern)
Beschreibung:
Welche Lernentwicklung ist zu beobachten?
Woran muss der Schüler verstärkt arbeiten?
Bewertung:
Inwieweit sind die verlangten Wissens- und Könnenselemente fest verankert und jederzeit verfügbar?
Einstufung:
Welches (Zwischen-)Zeugnis kann ausgestellt werden?
Ist der Eintritt in die nächste Klasse oder Schulform zu empfehlen?
Auswertung:
Wo ist der Schüler in Gefahr, den Anschluss zu verlieren?

4. Selektionsfunktion
(Platzierung, Schullaufbahnempfehlungen)
Beschreibung:
Über welche, für die Schulform besonders wichtige Fähigkeit verfügt der Schüler?

Bewertung:
Worauf gründet sich die Erwartung einer erfolgreichen Mitarbeit in der nächsten Klasse, Stufe oder Schulform?
Einstufung:
Ist das Klassenziel in allen Fällen erreicht oder müssen Ausgleichsleistungen herangezogen werden?
Auswertung:
Welche Wahlangebote sollte der Schüler wahrnehmen, zu welcher Wahl ist zu raten?

5. Prognosefunktion
(Einschätzung inner- und außerschulischen Verhaltens)
Beschreibung:
Welche Einstellungen zur Gemeinschaft sind feststellbar?
Welche Aktivitäten seitens des Schülers gibt es?
Bewertung:
Welcher Grad an Selbstständigkeit, welches Maß an Interesse und Lernenergie waren feststellbar?
Einstufung:
Wo sind besonders aussichtsreiche Merkmale der Persönlichkeitsbildung zu berücksichtigen?
Auswertung:
Welches Begabungs- und Fähigkeitsprofil deutet sich an?

2.3 Bezugsnormen der Leistungsbeurteilung

Quer zu der in den letzten Unterkapiteln entwickelten Systematik der verschiedenen Inhaltsebenen liegt die Frage nach den Bezugsnormen jeder Leistungsbeurteilung, die vor einem resümierenden Fazit noch zu klären ist: Leistung per se gibt es nicht. Leistungen müssen definiert werden und lassen sich je nach Situation immer nur in Bezug auf eine Norm bestimmen. Unterschiedliche Maßstäbe prägen das Urteil, ob etwas schlecht oder gut ist. Folgende drei Bezugsnormen bilden die möglichen normativen Grundlagen für die Bewertung von Schülerleistungen:

Welche Maßstäbe prägen das Urteil?

Individualnorm – individuelle Bezugsnorm

Für und über einen bestimmten Zeitraum wird der *individuelle Lernzuwachs* eines Schülers erfasst. Individuelle Leistungen werden bewertet und geben dem Schüler Rückmeldung über seinen persönlichen Lernstand. So kann der Schüler die Entwicklung seines eigenen Lernfortschritts erfassen.

In der Regel erfolgen diese Beurteilungen in Form von mündlichen Rückmeldungen oder durch Lernentwicklungsberichte (Grundschule, IGS, Waldorfschule …).

Der Schüler wird nicht mit anderen verglichen und kann optimal in seinem Lernverhalten bestätigt oder individuell gefördert werden. Fehler bieten eine Chance zum Lernen und zur Entwicklung neuer Lernstrategien, allerdings nur unter der Voraussetzung, dass Prozesse dokumentiert und reflektiert werden. Das Portfolio und das Lerntagebuch sind dazu geeignete Instrumente.

Sachnorm – kriteriumsorientierte Bezugsnorm

Die Beurteilungen der Lernleistungen nach Fach- und Sachaspekten sind gültiges Schulrecht. Die *Lernziele* der Unterrichtsfächer bilden die Grundlage der Zensierung. Entsprechend den Notenstufendefinitionen hat ein Schüler die Anforderungen erfüllt oder auch nicht. Die Noten beziehen sich (entsprechend den Rahmenrichtlinien und der Schulcurricula) auf das Erreichen der fachspezifischen Lernziele. Soziale Lernziele werden bei der Zensierung nicht berücksichtigt.

Die Erweiterung der Lern- oder Kompetenzfelder hat den Begriff „Sachnorm" veralten lassen. Kriterien und Normen können auch aus sozialen oder methodischen Lernfeldern definiert werden. Für die Messung und Bewertung gibt es noch wenig Routine. Probleme bereiten insbesondere die klare Beschreibung der Leistung und deren Erfassung. Hier ist Entwicklungsbedarf und Unterstützung nötig.

Die Zensierung sollte unabhängig von Gruppenleistungen erfolgen. Sie gibt Rückmeldung darüber, ob ein Schüler seine bisherigen Lernanstrengungen noch verbessern sollte oder nicht. Hier stellt sich die Frage, ob das wirklich mithilfe einer Notenskala angemessen gelingt. Vermutlich ist der *Lernbericht* die bessere Variante. Er erfordert für die alltägliche Unterrichtspraxis die Beantwortung der folgenden Fragen:

Lernbericht statt Ziffernnote

- Was soll geleistet werden?
- Warum soll es geleistet werden?
- Wie soll es geleistet werden?
- Wer muss was leisten?
- Welche Bezugsnorm gilt für die Bewertung?

Für die Notengebung besitzen nur die erste und die letzte Frage Relevanz. So wird deutlich, dass die Form der Beurteilung auf den Unterricht zurückwirkt.

Bisher galt als Stärke der Lehrer die Orientierung an der Sachnorm. PISA hat gezeigt, dass gleiche Leistungen sehr unterschiedlich bewertet werden, selbst wenn man sie in der gleichen Schule misst. Warum ist das so? Gehen etwa andere Normen in die Bewertung ein oder sind die Messungen einfach zu ungenau?

Sozialnorm – kollektive Bezugsnorm

VIERLINGER (1999, 80) hat den Vorschlag gemacht, die soziale Norm als *kollektive Norm* zu bezeichnen, damit der positiv besetzte Ausdruck „sozial" von vornherein falsche Assoziationen vermeidet. Die schulischen Lernleistungen eines Einzelnen orientieren sich an den Leistungen einer Referenzgruppe. Sie werden innerhalb dieser Gruppe unter- und miteinander verglichen und bewertet. Im Regelfall bildet die eigene Klasse die *Vergleichsgruppe* bei der Notengebung. Die Schüler werden entsprechend ihrer erreichten Punktzahlen bei der Überprüfung in einer Rangreihe geordnet. Die Zuordnung von Noten zu einzelnen Punkten erfolgt dann in Anlehnung an die Gaußsche Normalverteilung.

Viele Schüler, Eltern und Lehrer empfinden diese Art der Beurteilung als gerecht – die meisten Schüler befinden sich im Mittelbereich –, auch wenn z. B. der Lernfortschritt schwächerer Schüler so nicht angemessen bewertet werden kann. Vorgegebene Standards und einheitliche Anforderungen werden nur teilweise berücksichtigt, da kein Vergleich mit anderen Lerngruppen erfolgt. Die Form der komparativen Leistungsbewertung steht allerdings zumindest teilweise im Widerspruch zu den schulischen Normen und Gesetzen – so verbieten es z. B. die niedersächsischen Durchführungsbestimmungen zur Abiturprüfung explizit, Leistungen von Schülern miteinander zu vergleichen (auch wenn zwei oder drei Schüler direkt nacheinander eine mündliche Prüfung zum selben Thema ableisten).

Es gibt aber noch einen schwerwiegenden Grund gegen diese Form der Bewertung: Eine Schulklasse stellt nichts weiter als eine kleine, zufällig entstandene Testgruppe dar, deren Zusammensetzung nicht für standardisierte Tests geeignet ist. Erst bei extremen Abweichungen von der Normalverteilung – zu viele Gute oder zu viele Schlechte – wird diese hinterfragt.

Alle Bezugsnormen haben ihre Berechtigung. Was liegt näher, als sie alle zu berücksichtigen? Aber was so einfach klingt, lässt sich in der Praxis nur schwer umsetzen. Wir plädieren dafür, zwischen Bewertungen, die sich an der Sozialnorm, und Bewertungen, die sich an der Individualnorm orientieren, deutlicher zu trennen – sowohl was die Messung als auch was die Form der Beurteilung angeht.

Deutlich zwischen den Bezugsnormen trennen

2.4 Fehlerquellen bei der Bewertung

Jede Art von Wahrnehmung, von Bewusstwerdung und von Beurteilung hängt von vielen subjektiven Faktoren ab bzw. wird von den unbewussten Voreinstellungen und Erwartungen des Beobachtenden beeinflusst. Im privaten Bereich sind diese Verhaltensweisen sicherlich für viele Gesprächssituationen eher förderlich, verbessern sie doch die Spontaneität der Kommunikation untereinander.

Bei der Leistungsbeurteilung sind gerade diese Merkmale eher von Nachteil. Sie haben wenig mit Objektivität oder Transparenz zu tun, werden der Leistungsbeurteilung nur in Teilbereichen gerecht und behindern die Vergleichbarkeit der Beurteilungen. Sie sind seit langem bekannt, aber aus der Praxis nicht wegzubekommen. GISLINDE BOVET und VOLKER HUWENDIEK haben in ihrem „Leitfaden Schulpraxis" (1998) aufgezeigt, welche *subjektiven Fehlerquellen* bei der Leistungsbeurteilung in der Schule auftreten können.

Subjektive Fehlerquellen

Der Einfluss von Vor- und Zusatzinformationen
Positive oder negative Zusatzinformationen – auch über außerschulische Bedingungen – beeinflussen die Beurteilung von schriftlichen und mündlichen Leistungen, was Auswirkungen auf die alltägliche Benotungspraxis hat. Ein unauffälliger, stiller Schüler, über den ein an Kultur und Sport interessierter Lehrer sonst wenig weiß, hat bei der Korrektur einer Arbeit wahrscheinlich deutlich „schlechtere Karten" als ein sprachgewandter, in seiner Freizeit im Orchester spielender Schüler, dessen Schwester gerade einen Sportwettbewerb gewonnen hat, wie in der Zeitung zu lesen war.

Der Einfluss von Sympathie und Geschlecht
Objektiv gleiche Leistungen von Mädchen werden günstiger benotet als die von Jungen – und zwar von Lehrern wie von Lehrerinnen! In Befragungen geben beide Gruppen an, Mädchen im Vergleich zu Jungen als fleißiger, angepasster, ordentlicher etc. wahrzunehmen. Untersuchungen haben gezeigt, dass zahlreiche Lehrer diejenigen Schüler günstiger beurteilen, die ihnen sympathisch sind, aber es gab auch viele Lehrer, die in dieser Hinsicht völlig immun waren.

Der Einfluss von subjektiven Theorien
Die subjektiven, berufsbezogenen Theorien eines Lehrers leiten in hohem Maße sein Handeln; ausgeprägte Grundüberzeugungen beeinflussen die

Wahrnehmung und Einschätzung von Schülerleistungen. Denn die allgemeine Tatsache, dass man vornehmlich das wahrnimmt, was man wahrzunehmen erwartet, führt häufig zu Beobachtungsverzerrungen und -einseitigkeiten.

Halo-Effekt und logischer Fehler
Allgemeineindrücke oder hervorstechende Merkmale können die Wahrnehmung einzelner, nicht direkt beobachtbarer Merkmale bestimmen. Höfliches Auftreten, ordentliche Kleidung, saubere Heftführung und angemessenes Sprachverhalten führen zu einem gesamtordentlichen Eindruck eines Schülers. Es besteht aber die Gefahr, dass er bessere Leistungsbeurteilungen erhält, als er es eigentlich verdient hätte. Ähnlich wirkt mitunter auch der Ruf, der einem Schüler vorauseilt (*Halo-Effekt*).

Voreilige Schlussfolgerungen werden von einem Leistungsmerkmal auf ein anderes geschlossen, weil angenommen wird, Ersteres sei quasi logisch mit dem beobachteten verbunden (*logischer Fehler*). Erbringt z. B. ein Schüler vorzügliche Leistungen in Mathematik, wird leicht angenommen, dass seine Leistungen auch im Fach Physik sehr gut sein müssen. Ähnlich wird nicht selten von einer vorzüglichen Gedächtnisleistung auf ein entsprechend hohes Maß an Verständnis geschlossen.

Stabile Urteilstendenzen
- Gute und sehr gute Noten werden selten benutzt. Es besteht die Neigung, kleinere Mängel relativ stark zu gewichten und vorwiegend negative Urteile abzugeben und schlechte Noten zu erteilen. (*Strengefehler*)
- Es werden hauptsächlich gute Noten und günstige Beurteilungen vergeben. (*Mildefehler*)
- Die Scheu vor extremen Urteilen führt zur Häufung von mittleren Urteilen und durchschnittlichen Noten. (*Tendenz zur Mitte*)
- Es kommt relativ selten zu mittleren Urteilen und durchschnittlichen Noten, sondern häufig zu überzogenen extremen Urteilen. (*Tendenz zu Extremurteilen*)

Reihenfolgeneffekte
Reihenfolgen- und Positionsfehler ergeben sich aufgrund vorangehender Urteile oder wenn mehrere Beurteilungen nacheinander durchgeführt werden. Eine durchschnittliche Leistung wird beispielsweise oft besser beurteilt, wenn direkt vorher eine sehr mäßige zu bewerten war; eine Leistung wird leicht schlechter beurteilt, wenn ihr eine besonders gute voranging.

2.5 Erweiterung des Lern- und Leistungsbegriffs

Fragen wir uns, was eine neue Kultur der Leistungsbeurteilung *nicht* leisten kann. Zumindest zwei wesentliche Aspekte sollten zumindest genannt werden:
1. Die Widersprüchlichkeit zwischen den Polen *Selektion* und *Förderung*, die die Schule strukturell kennzeichnet, lässt sich über die Leistungsbewertung nicht aufheben.
2. Intersubjektivität garantiert nicht absolute *Gerechtigkeit*.

Eine neue Kultur der Leistungsbewertung muss sich auf die *Interaktion* und deren qualitative Umsetzung gründen. In den schülerorientierten Formen der Leistungsbeurteilung sind Konflikte nicht zu vermeiden. Sollten sie auch nicht, denn sie zeigen Unterschiede an, die sonst oft nicht wahrgenommen würden. So erhöht sich die Komplexität einer nicht immer bis ins Letzte planbaren Unterrichtssituation, in der sich Lehrer wie Schüler bewähren können. Hilfreiche Routinen, die unnötige Aufgeregtheiten vermeiden, können sich mit Blick auf Vorbereitung, Durchführung und Reflexion der Interaktion herausbilden.

Die im Folgenden skizzierten Überlegungen haben große Nähe zu Evaluationsverfahren, die ein wesentliches Element von Schulentwicklung sind. *Selbstevaluation* hat darin einen zentralen Stellenwert. Die Erfahrungen aus diesem Bereich auf die Leistungsbeurteilung zu übertragen, kann diese voranbringen.

Die bisherige Bewertungspraxis in der Schule zeigt eindeutig, dass in erster Linie die Konzentration auf dem inhaltlich-fachlichen Lernbereich liegt – und das ist kein Zufall, denn dieser kann mit den traditionellen Bewertungsformen wie Tests, Klassenarbeiten und Klausuren, Referaten, Beteiligungsnoten etc. beurteilt werden. Die anderen Lernbereiche aber sind mit diesen Bewertungsmodalitäten nicht oder nur unzureichend erfassbar. Daher benötigen Schulen neue Formen der Leistungsbewertung, die über den sachlich-inhaltlichen Lernbereich hinausgehen und sowohl den methodischen als auch den sozialen und den persönlichen Lernbereich erfassen.

Die vier Dimensionen des Lern- und Leistungsbegriffs

Hinter dieser Forderung steht die inzwischen auch auf der Ebene der Kultusbürokratien nicht mehr angezweifelte Erkenntnis, dass Schule in Zukunft mit einem weiter gefassten Lern- und damit auch Leistungsbegriff operieren muss, dessen Dimensionen in der folgenden Übersicht skizziert werden:

Inhaltlich-fachlicher Lernbereich	Methodisch-strategischer Lernbereich	Sozial-kommunikativer Lernbereich	Persönlicher Lernbereich
Wissen, kennen, beherrschen, anwenden können	Aus Materialien Informationen entnehmen, exzerpieren, strukturieren, ordnen	Zuhören, argumentieren, fragen, kooperieren	Ein realistisches Eigenbild entwickeln und Selbstvertrauen gewinnen
Verstehen, übertragen, erschließen, sich selbstständig auseinandersetzen, ordnen, übertragen, transferieren	Lern- und Arbeitsprozesse planen, organisieren, gestalten, Arbeitsdisziplin wahren, Ordnung halten	Sich in andere einfühlen, Signale wahrnehmen, integrieren, Konflikte lösen	Die Fähigkeit zum Engagement entwickeln, (Selbst-)Kritikfähigkeit aufbauen
Urteilen, begründen, reflektieren, problematisieren, erörtern	Entscheidungen treffen	Ergebnisse oder Prozesse präsentieren, Diskussionen und Gespräche leiten	Werthaltungen entwickeln

Diese vier Dimensionen des Leistungsbegriffs sind zunächst einmal als *analytische* Kategorien zu verstehen, d. h., sie lassen sich nicht einfach während des Unterrichts beobachten und zu einem Gesamtbild addieren, sondern verstehen sich in der Praxis als organische Einheit, die sinnvoll nur an den Kompetenzbegriff zu binden ist. Leistungen lassen sich am ehesten durch die Aufgaben voneinander unterscheiden, die ein Schüler zu lösen imstande ist.

Wenn Leistungsbewertung sich an einem erweiterten Leistungsbegriff orientieren will, müssen methodisch-strategische Kompetenzen in den Aufgaben explizit gefordert werden und in der Beschreibung der Bewertungskategorien enthalten sein. Explizit fordern bedeutet, dass das Vorgehen der Schüler in der Bearbeitung einer Aufgabe als Ergebnis einer Entscheidung erkennbar gemacht und mit Blick auf die Effektivität vom Schüler bewertet wird.

Das Abwägen von Alternativen in der Planung oder Reflexion beweist ein hohes methodisches Kompetenzniveau. Sie voneinander abzugrenzen führt zu einer differenzierteren Bewertung bzw. Rückmeldung an den Schüler und zu mehr Transparenz. HILBERT MEYER (KIPER u. a. 2003) hat dafür ein Modell entwickelt, das fünf Kompetenzstufen nach dem Grad der Selbstständigkeit und der Reflektiertheit unterscheidet.

2.6 Neue Kriterien für Beurteilungen

Grundlegende Ansprüche an die Leistungsbewertung
Objektivität (viele Wissenschaftler sprechen heute lieber von *Intersubjektivität*) bedeutet, dass verschiedene Bewerter unabhängig voneinander zum exakt gleichen Ergebnis kommen. Was für wissenschaftliche Experimente wünschenswert und notwendig sein mag, ist für schulische Bewertung allerdings nicht so ohne weiteres postulierbar!

> *Objektivität (dies hieße: Alle Lehrkräfte stimmen bei der Beurteilung einer Arbeit oder eines Schülermerkmals perfekt miteinander überein) ist nicht automatisch gleichbedeutend mit Korrektheit und sachlicher Richtigkeit; es gibt auch die Möglichkeit kollektiven Irrtums, z. B. wenn bei der Beurteilung der Intelligenz eines Schülers das Merkmal ‚Intelligenz' mit ‚Kreativität' verwechselt wird.*
> (HELMKE 2003, 87)

Möglichst objektiv und zuverlässig

Ziel schulischer Leistungsbewertung kann nur sein, die unkontrollierte Subjektivität zugunsten einer kontrollierten und transparenten Leistungsbewertung möglichst weit zurückzudrängen. Dies kann geschehen durch eine präzise Formulierung von Kriterien, durch eindeutige Binnengewichtungen und rechtzeitig vorher diskutierte Musterlösungen oder Erwartungshorizonte – auch und gerade bei offenen Aufgabenstellungen wie bei Deutschaufsätzen.

Reliabilität bedeutet Zuverlässigkeit. Die angewendeten Beurteilungskriterien und -verfahren müssen die zu beurteilenden Merkmale auch wirklich korrekt messen – und nicht etwas ganz anderes. Die Reliabilitätskontrolle, die die Wissenschaft vorschlägt, ist leider im schulischen Alltag recht aufwändig bzw. kaum zu realisieren:

> *Reliabel ist ein Urteil dann, wenn es sich – vorausgesetzt, das zu beurteilende Schülermerkmal bzw. die Schülerleistung ist im Zeitverlauf stabil geblieben – bei wiederholten Beurteilungen nicht ändert. Probe aufs Exempel: wiederholte Korrektur und Bewertung der gleichen Serie von Arbeiten (Aufsätze, Klassenarbeiten, Hausarbeiten) einige Monate später.*
> (HELMKE 2003, 87)

Bei jedem einzelnen Leistungsmessungsprozess muss dennoch als ernsthafter Anspruch gefragt werden, ob die gewählten Verfahren sachangemessen sind und wirklich das messen, was gemessen werden soll. Dabei gilt der Grundsatz, dass die Anzahl der unabhängig voneinander gestellten Einzelaufgaben zu einem bestimmten Lernziel oder -bereich die Reliabilität erhöht. Hans-Gert Wengert gibt ein gutes Beispiel:

> *Wenn ein Deutschlehrer überprüfen will, ob seine Schüler verlässlich zwischen ‚das' und ‚dass' unterscheiden können, ist ein herkömmliches Diktat, in dem diese Unterscheidung nur drei- oder viermal getroffen werden muss, weniger reliabel als ein Lückentext, in dem die Schüler an 15–20 Stellen ihre Entscheidung eintragen müssen.* (Wengert, in: Bovet/Huwendiek 1998, 282)

Validität bedeutet Gültigkeit: Ein Untersuchungsverfahren ist dann gültig, wenn es den zu messenden Gegenstand exakt misst und nichts anderes und sich das Urteil auch tatsächlich auf die Leistung bezieht, die gemessen werden sollte. Wenn ein Lehrer z. B. seine Klassenarbeiten so mit Stoff überlädt, dass ein guter Teil der Lerngruppe es einfach nicht schafft, alle Aufgaben in der vorgegebenen Zeit zu bearbeiten, wird ein wesentlicher Bestandteil der zu erbringenden Leistung völlig fachfremd sein – es geht dann nämlich nicht mehr nur um z. B. das Lösen von quadratischen Gleichungen, sondern genauso um Schnelligkeit! Das eigentlich beabsichtigte Testziel – die Überprüfung des Lernstandes der Schüler – wird so verfälscht. In den folgenden Abschnitten werden wir die Möglichkeiten erläutern, Validität durch gemeinsame Absprachen und *Arbeitsbündnisse* innerhalb der Schule herzustellen bzw. zu verbessern.

Wie kann man gültige Untersuchungsverfahren entwickeln

Entwicklung von Gütekriterien für Beurteilungen

Unterrichtsverfahren, -methoden und -arrangements, die prozessorientiert die drei „neuen" Aspekte (methodisch-strategisch, sozial-kommunikativ, persönlich) der Leistungsbeurteilung integrieren wollen, sind per se (ergebnis-)offener und flexibler als traditionelle Lehr-/Lern-Arrangements. Dies bedeutet aber auch zwingend:

- Die Normen und Standards der Leistungsbewertung dürfen nicht a priori festgesetzt werden, sondern können (bzw. müssen) sich mit dem Lern- und Arbeitsprozess ändern, wenn sie sich im Laufe des Beurteilungsverfahrens als nicht brauchbar erweisen. Je offener die gewählte Unterrichtsform, desto gewichtiger diese Flexibilität, z. B. im projektorientierten Unterricht.
- Diese Normen und Standards müssen selber immer kritisch beleuchtet und reflektiert werden, also selbst Gegenstand des Unterrichts und – last, but not least – schulischer Absprachen, Konferenzbeschlüsse etc. werden.

Nicht nur der Lehrer bzw. die Schule gibt die Maßstäbe des Beurteilungsverfahrens vor, sondern diese werden in einem gemeinsamen, dialogischen Prozess immer wieder überarbeitet, *kommunikativ validiert*. Widerspruch und Kritik der Schüler sind also nicht als Störquelle, sondern im Gegenteil als Möglichkeit und Chance zu verstehen, zu gemeinsamen Kriterien zu gelangen. Das kostet Zeit, denn die konkrete unterrichtliche Sach- oder Handlungsebene muss immer wieder verlassen werden, um darüber reflektieren zu können. Insbesondere wenn aus der Reflexion erkennbar Konsequenzen für die folgenden Handlungsphasen gezogen werden, wird dieser Zeitverlust mehr als wieder aufgewogen.

Es gibt einen Gewinn an *Transparenz*: der Schüler ihren eigenen Leistungen gegenüber, aber auch der Lehrer im Kontakt zu Eltern, Kollegen und der Aufsichtsbehörde.

Kommunikative Validierung in der Schule

Beide Schlussfolgerungen, die wir eben skizziert haben, können auch von einer einzelnen Lehrkraft gezogen und in die Praxis umgesetzt werden, wozu wir an dieser Stelle alle Kollegen ausdrücklich ermuntern möchten! Aber einfacher geht es doch immer im Team – und das muss ja nicht gleich ein Gesamtkonferenzbeschluss der Schule sein! Absprachen und Aktivitäten können auf unterschiedlichen Ebenen stattfinden: gemeinsam im Fach, in einer Jahrgangsstufe, von zwei oder mehr Parallelklassen in einem oder mehreren Fächern etc. Je mehr eine Schule sich dem schulspezifischen Schulentwicklungsprogramm verschreibt, desto breiteren Raum werden diese Formen von kommunikativer Validierung auch der Leistungsbeurteilung einnehmen (müssen), und desto entlasteter (auch gegenüber Eltern und Schulaufsicht) kann der einzelne Kollege diese neuen Formen der Bewertung praktizieren.

Kommunikative Validierung zwischen Schülern und Lehrern

Die in den oben angesprochenen Metaphasen zu treffenden Vereinbarungen sind selbstredend nicht das Produkt von völlig gleichberechtigten Partnern. Den letztendlichen Zwang zur Notengebung und damit auch zur Zuweisung von Sozialchancen kann auch die kommunikative Validierung von Leistungsnormen nicht abschaffen. Diese Metaphasen sind also nicht durch die symmetrische Kommunikation gleichberechtigter Partner gekennzeichnet. Dennoch gibt es eindeutig benennbare *Gütekriterien für die Reflexionsphasen*. Hans-Ulrich Grunder und Thorsten Bohl (2001, 46) nennen fünf:

1. *Information und Diskussion des konkreten Beurteilungsverfahrens*
   In der Regel werden Lehrer ihre Überlegungen hinsichtlich Verfahren und Kriterien der Beurteilung vorstellen. Diese Überlegungen, die nun vor einer konkreten Anwendung stehen, werden detailliert erläutert und gemeinsam diskutiert.
2. *Offenheit für Änderungen*
   Änderungsvorschläge und Verbesserungen, die aufgrund dieser Diskussion entstehen, sind soweit wie möglich einzuarbeiten.
3. *Beteiligung*
   Bei zunehmender Erfahrung und mit zunehmendem Alter können Schülerinnen und Schüler selbst bei der Erstellung der Kriterien mitwirken und Beurteilungen durchführen, z. B. mittels Beobachtungen, als Schülermitbeurteilung.
4. *Detailverständnis*
   Schülerinnen und Schüler müssen im Detail verstehen, welche Leistung sie erbringen müssen, um die einzelnen Beurteilungskriterien zu erfüllen. Dies setzt detaillierte Überlegungen der Lehrkraft voraus, wie die jeweiligen Kriterien feststellbar sind, wie sie bewertet werden und ob sie für Schülerinnen und Schüler verständlich (formuliert) sind, also ihren sprachlichen Möglichkeiten entsprechen.
5. *Reflexion*
   Während des Unterrichts- und Beurteilungsprozesses werden immer wieder Reflexionsphasen eingefügt, sodass regelmäßig und gemeinsam über diesen Prozess nachgedacht werden kann. Unklarheiten können dann beseitigt, notwendige Veränderungen eingebracht und Erkenntnisfortschritte ermöglicht werden.

2.7 Beobachten als Bewertungsgrundlage von Lernkompetenzen

Wer sehen kann, der kann auch beobachten. Diese landläufige Meinung ist in der Lehrerschaft besonders verbreitet. Natürlich ist die Wahrnehmung im Laufe der Berufspraxis an den Erfordernissen der Arbeit gewachsen, schärfer geworden. Ob sie allerdings offener geworden ist, darf in Frage gestellt werden, gilt es doch, die Vielzahl der Informationen im Unterricht zu begrenzen und zu strukturieren, ohne lange darüber nachdenken zu müssen. Dass unser Augenmerk dabei z. B. mehr auf den Fehlern als auf den positiven Leistungen ruht, lässt sich leicht ermessen, wenn man bedenkt, dass die Zahl der Fehler bzw. der Fehlleistungen der quantifizierbare Faktor in der Leistungsbewertung ist, der am leichtesten nachzuweisen ist. Die Folge ist eine Defizitorientierung in der Praxis, die im offenen Unterricht allerdings aufgebrochen werden soll. Hier sollen die Schüler ja gerade ihre Stärken bewusst zum Erreichen vorher selbst mitbestimmter Ziele einsetzen. Um diese Lernkultur in die Kultur der Beurteilung einmünden zu lassen, braucht auch die *Wahrnehmung eine Umorientierung*.

Raster helfen bei der Gliederung des zu beobachtenden Prozesses

Strukturierte Beobachtungen lassen sich nicht mithilfe eines Rasters durchführen: Das Raster zergliedert den zu beobachtenden Prozess in einfachere und leichter erlernbare Teile. Es kann darüber hinaus auch schon eine Gewichtung der einzelnen Kriterien vornehmen. Die folgenden *Beobachtungs- und Bewertungskriterien* sind nach ihrem Anspruchsniveau geordnet: Am Beginn stehen die eher einfachen Basisqualifikationen, dann folgen die komplexeren und anspruchsvolleren, weitergehenden Fähigkeiten. Diese Systematik versteht sich aber ausschließlich sachlogisch und nicht etwa altersspezifisch, d. h., alle Kriterien können und sollen – natürlich altersgemäß – für alle Altersstufen gültig sein und in allen Altersstufen erreicht werden!

Lernverhalten

Nicht nur in den unteren Klassen äußert sich positives Lernverhalten zunächst einmal in der *Wahrnehmungsfähigkeit*: Nimmt ein Schüler z. B. Veränderungen in seiner unmittelbaren Umgebung wahr? Wie detailgenau kann er Bilder oder Gegenstände beschreiben? Wie schnell und präzise entdeckt er Fehler, Unterschiede oder Gemeinsamkeiten beim Vergleich von Bildern, Texten, mathematischen Reihen?

Auf der Wahrnehmungsfähigkeit baut die *Wiedergabefähigkeit* auf: Kann der Schüler mit zunehmendem Alter immer komplexer werdende Sachverhalte, Abläufe, Strukturen, Versuchsaufbauten, Texte etc. lückenlos wiedergeben und beschreiben? Bemerkt er Fehler bzw. Fehlendes in den Beiträgen der Mitschüler? Hat er ein gutes Erinnerungsvermögen (auch an weit früher Gelerntes)?

Eng verknüpft mit der Wiedergabefähigkeit ist das *Ausdrucksvermögen* (das auch unmittelbar in die Fachnoten zumindest der sprachlich orientierten Fächer eingeht!). Verfügt der Schüler über einen großen Wortschatz und körperliches Ausdrucksvermögen? Kann er anschaulich erklären und seine Aussagen anderen verständlich machen?

Das nächste Beobachtungs- und Bewertungskriterium ist die Transfer- oder *Übertragungsfähigkeit*: Ist der Schüler in der Lage, Bekanntes auf Unbekanntes zu übertragen, indem er z. B. neue, aber strukturgleiche Aufgaben oder Aufgaben mit gleichartiger Problemstellung selbstständig löst?

Kann er sich problemlos von vertrauten Vorgaben auf neue Bedingungen umstellen? Überträgt er gelernte Regeln auf für ihn neue Sachverhalte bzw. ist er in der Lage, Bekanntes unter neuen Perspektiven zu sehen?

Die anspruchsvollste Ebene in Bezug auf das Lernverhalten bildet die *Auffassungs- und Beurteilungsfähigkeit*: Erkennt der Schüler schnell das Wesentliche, die Grundzüge in einer Unterrichtssituation? Erfasst er die Zusammenhänge und logischen Verknüpfungen? Ist seine Auffassungsfähigkeit von der Art der medialen Präsentation unabhängig? Erfasst er simultan komplexe Prozesse? Die Beurteilungsfähigkeit zeigt sich in folgenden Qualifikationen: Kann der Schüler zwischen Darstellung und Kritik eines Sachverhaltes unterscheiden? Bemüht er sich um eine möglichst breite Informationsgrundlage vor der Abgabe des eigenen Urteils? Erkennt er Widersprüchlichkeiten in (auch eigenen) Schlussfolgerungen? Hinterfragt er andere Ansichten, Lösungsvorschläge, Anweisungen, Ursachenvermutungen? Ist er in der Lage, Konsequenzen eines Urteils abzuschätzen?

Praktisch quer zur übrigen Systematik dieses Abschnittes (und für die einzelnen Schulfächer von ausgesprochen unterschiedlicher Bedeutung) ist das Kriterium des *praktischen, psychomotorischen Geschicks*: Kann der Schüler seine Bewegungen gut koordinieren? Besitzt er manuelle und feinmotorische Geschicklichkeit? Hat er ein ausgeprägtes Rhythmusgefühl? Hier sollte jeder Lehrer individuell für seine Klasse oder Lerngruppe entscheiden, ob er dieses Kriterium in die Beobachtung mit einbezieht.

Arbeitsverhalten

Bringt der Schüler *regelmäßig* alle pflichtgemäß erledigten Hausaufgaben und sonstigen Arbeitsmaterialien in die Schule mit? Beginnt er in der Schule selbstständig zu erledigende Aufgaben ohne Umschweife? Arbeitet er sorgfältig, zielgerichtet und präzise?

Zweiter Beobachtungs- und Beurteilungsschwerpunkt ist die eigene *Arbeitsorganisation*: Gliedert der Schüler die (umfangreichen) Arbeiten sinnvoll? Hat er eine gute Zeiteinteilung? Plant er zunächst die anzugehende Arbeit und legt sich den möglichen Lösungsweg zurecht? Vergleicht er Aufgabenstellung und Resultat?

Hiermit eng verbunden ist das Kriterium *Konzentration und Ausdauer*: Arbeitet der Schüler gleichmäßig über längere Zeit? Verfügt er über einen „langen Atem" bei anspruchsvollen Aufgaben? Entwickelt er eine hohe „Störresistenz"?

Das nächstanspruchsvolle Kriterium in der Hierarchie ist *Sicherheit und Selbstständigkeit*: Arbeitet der Schüler selbstständig auch ohne Kontrolle oder Bestätigungen durch den Lehrer? Kann er die eigene Arbeit eigenständig planen und durchführen? Weiß er sich angesichts auftauchender Probleme selber zu helfen bzw. zu improvisieren? Beschafft er sich bei Bedarf eigenständig weitere Informationen? Kann er die Qualität seiner eigenen Arbeit realistisch einschätzen?

Schließlich kann noch das *Interesse* und das *Engagement* bewertet werden: Übernimmt der Schüler freiwillig Arbeit und ist immer bestrebt, das eigene Wissen zu erweitern? Entwickelt er Eigeninitiative, macht er vor der Klasse eigene Anregungen und Vorschläge? Lässt er sich durch Misserfolge nicht sofort demotivieren, ist er also primär intrinsisch motiviert?

Sozialverhalten

Zunächst geht es schlicht um die *Hilfsbereitschaft*: Respektiert der Schüler die Wünsche, Bedürfnisse und Ansprüche der anderen und stellt die eigenen zumindest zeitweise zurück? Hilft oder unterstützt er andere? Schützt er Schwächere gegen Mitschüler oder Lehrer? Übernimmt er freiwillig Aufgaben?

Zweites Kriterium ist die *Kontaktfähigkeit* – allerdings ist dies Kriterium tückisch und mit Vorsicht anzuwenden, denn charakterlich bedingte Introvertiertheit ist keineswegs automatisch schlechter als Kontaktfreude! Der Beobachter muss sich gerade unter diesem Aspekt auf die Ebene der jeweiligen „genetischen Konditionierung" begeben und dementsprechend relativ werten: Findet der Schüler leicht Kontakt? Spricht oder spielt er z. B. in den Pausen mit anderen, arbeitet er häufig mit wechselnden Mitschülern, hat er viele Freunde?

Soziale Sensibilität: Nimmt der Schüler Stimmungen in der Lerngruppe wahr und kann er darauf angemessen reagieren? Erkennt er Bedürfnisse und Gefühle der Mitschüler? Kann er die eigenen Befindlichkeiten spontan äußern, entwickelt er Empathie und Ambiguitätstoleranz? Schätzt er die eigene Stellung in der Klasse richtig ein?

Wichtige Schlüsselkompetenzen

Die drei noch folgenden Kriterien gelten heute als überaus wichtige Schlüsselkompetenzen nicht nur in der Schule, sondern auch in vielen Bereichen der Wirtschaft und des späteren Arbeitslebens.

In erster Linie ist dies die *Kooperations- und Integrationsfähigkeit*: Schätzt der Schüler die Partner- und Gruppenarbeit? Ist er bemüht, in der Gruppe alle Meinungen zu hören? Hält er sich – auch ohne Kontrolle – an vereinbarte Regeln? Betrachtet er auch gemeinsam erbrachte Gruppenleistungen als individuelle Bereicherung? Ist er auch zur Erledigung undankbarer Aufgaben bereit?

Konfliktfähigkeit (bitte auf keinen Fall verwechseln mit Streitsucht): Geht der Schüler keinem notwendigen Konflikt aus dem Wege, sucht aber immer nach für alle fairen Lösungen? Fragt er nach Konfliktursachen? Ist er nicht nachtragend? Bietet er sich als Schlichter bei Konflikten anderer an? Ist er auch als Angegriffener bereit, dem Gegenüber ein Stück weit entgegenzugehen?

Eng verwandt hiermit und in einem gegenseitigen Abhängigkeitsverhältnis stehend ist die *Kritikfähigkeit*: Ist der Schüler in der Lage, Kritik offen zu äußern, kritisiert er positiv aufbauend und sachlich argumentierend? Kann er Kritik am eigenen Verhalten, an den eigenen Ansichten vertragen? Ist er in der Lage, vorgebrachte Kritik sachlich als unberechtigt zurückzuweisen, aber ebenso gut als berechtigt zu akzeptieren und sein Verhalten entsprechend zu ändern?

Den Abschluss der Beobachtungs- und Bewertungskriterien zum Sozialverhalten bilden die Aspekte *Sicherheit* und *Selbstbehauptung*: Wirkt der Schüler in Stresssituationen ruhig, gelöst und leistungsbereit? Formuliert er offen seine Unzufriedenheit? Steht er zu seiner Meinung (selbst wenn er der Einzige ist)? Lässt er sich durch Kritik nicht so schnell verunsichern? Besteht er darauf, angehört zu werden bzw. andere zu Wort kommen zu lassen? Geht er im Affekt korrekt, aber inhaltlich klar mit Respektspersonen (Lehrern) um?

Zum Abschluss folgt eine tabellarische Übersicht über die wichtigsten Beobachtungs- und Bewertungskriterien in Stichworten:

Die wichtigsten Kriterien im Überblick

Lernverhalten	
Wahrnehmungsfähigkeit	Veränderungen, Unterschiede, Gemeinsamkeiten beobachten
Auffassungsgabe	Logische Strukturen und wesentliche Grundzüge erkennen
Ausdrucksvermögen	Über einen großen Wortschatz verfügen und anschaulich erklären können
Wiedergabefähigkeit	Lückenlos auch komplexe Abläufe beschreiben, Fehlendes bemerken
Übertragungsfähigkeit	Bekanntes auf Unbekanntes übertragen, von vertrauten Vorgaben auf neue Bedingungen umstellen können
Beurteilungskompetenz	Ansichten und Meinungen hinterfragen, Widersprüche erkennen und benennen

Arbeitsverhalten

Arbeitsorganisation	Zeit gut einteilen; sorgfältig, zuverlässig und präzise arbeiten; Aufgabenstellung und Resultat vergleichen
Konzentration	„Langer Atem" bei anspruchsvollen Aufgaben, hohe „Störresistenz"
Selbstständigkeit	Arbeiten ohne Kontrolle, eigenständig planen, realistisch das eigene Leistungsvermögen einschätzen
Engagement	Anregungen geben und Vorschläge machen, freiwillig Arbeit übernehmen

Sozialverhalten

Teamfähigkeit	Partner- und Gruppenarbeit schätzen; sich auch ohne Kontrolle an vereinbarte Regeln halten; sich bemühen, in der Gruppe alle Meinungen zu hören
Hilfsbereitschaft	Die Ansprüche der anderen respektieren, Schwächere schützen
Soziale Sensibilität	Stimmungen wahrnehmen und angemessen darauf reagieren; Probleme, Bedürfnisse und Gefühle der anderen Mitschüler erkennen
Konfliktfähigkeit	Immer nach fairen Lösungen suchen, nach Konfliktursachen fragen, nicht nachtragend sein, Kritik offen äußern, Kritik vertragen
Selbstsicherheit	Sich durch Kritik nicht so schnell verunsichern lassen; darauf bestehen, angehört zu werden; Unmut sachlich und konstruktiv äußern

Transparenz und Gerechtigkeit

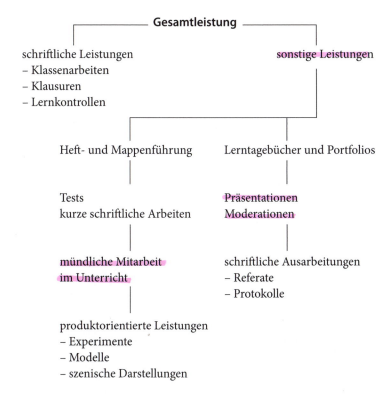

Leistungspuzzle: die Einzelleistungen, aus denen sich die Gesamtleistung eines Schülers zusammensetzt

Für jede Bewertung einer Schülerleistung gilt, dass sie möglichst *transparent* und *gerecht* erfolgen soll, einerlei, ob in Form einer Ziffernnote (dies ist der häufigste Fall) oder als verbalisierte Leistungsrückmeldung (eine differenziertere und individuellere Möglichkeit). Dabei gibt es für jede Art von Einzelleistung bestimmte Besonderheiten zu berücksichtigen.

Alles das, was Schüler in offiziellen Klassenarbeiten bzw. Klausuren produzieren, gilt als schriftliche (Prüfungs-)Leistung. Anzahl, Dauer und Art der schriftlichen Arbeiten sind durch Rahmenrichtlinien, curriculare Vorgaben oder sonstige Erlasse und Verfügungen für alle Fächer, Jahrgänge und Schulformen und -stufen jeweils landeseinheitlich geregelt. Alle Leistungen, die nicht im Rahmen von Klassenarbeiten bzw. Klausuren erbracht werden, gelten als „sonstige" Leistungen. Die Bezeichnung ist weder bundesweit noch schul- und fächerspezifisch einheitlich, synonym werden Begriffe benutzt wie „nichtschriftliche", „allgemeine" oder auch „fachspezifische" Leistung. Wir haben uns für den Begriff „sonstige" Leistung entschieden, weil er der umfassendste ist. Wer hier „mündliche" Leistungen als Pendant zu „schriftlichen" Leistungen erwartet hat, wie in der schulischen Praxis eher üblich, wird auf später vertröstet. Wir haben die mündlichen als Teil der sonstigen Leistungen beschrieben.

Spielräume sinnvoll nutzen

Das Verhältnis der Anteile von schriftlichen zu sonstigen Leistungen bei der Zeugnisnote ist durch Bildungspläne, Kerncurricula, Handreichungen und schulinterne Curricula oder entsprechende andere amtliche Vorgaben verbindlich festgelegt. Häufig besteht allerdings ein *Spielraum*, in dessen Rahmen die Fachkonferenz bzw. der einzelne Kollege entscheiden kann. In Niedersachsen gibt es z. B. in der gymnasialen Oberstufe die Möglichkeit, für alle Fächer das Verhältnis der schriftlichen zu sonstigen Leistungen innerhalb eines „Korridors" festzulegen: Das Schriftliche darf höchstens 66 Prozent und muss mindestens 50 Prozent ausmachen. Da wir der Überzeugung sind, dass den (verhältnismäßig wenigen) punktuellen Leistungsüberprüfungen in Form von Klassenarbeiten bzw. Klausuren ohnehin zu viel Gewicht beigemessen wird, raten wir dazu, vorhandene Bandbreiten zugunsten einer Aufwertung der sonstigen Leistungen zu nutzen.

Die Gewichtung der Leistungen mit den Schülern zu Beginn eines Schuljahres zu vereinbaren, ist nicht nur ein Gebot der Fairness. Es kann helfen, die Lernstrategien zu optimieren und den Stress bei punktuellen Überprüfungen zu reduzieren. Die Schüler wären angesichts der klar definierten Anforderungen in der Lage, ihre Stärken besser zu orten und auch ihre Defizite klarer zu benennen. Hier könnte der Ansatz für eine gezielte Förderung schon früh gefunden werden.

Nicht alle in der Übersicht genannten Formen der sonstigen Leistungen kommen in jedem Fach, jeder Altersstufe und Schulform vor – so wird z. B. die Kontrolle der *Heft-* und *Mappenführung* in der gymnasialen Oberstufe überhaupt keinen oder nur einen sehr geringen Stellenwert einnehmen. *Lernjournale* oder *Lerntagebücher* könnten an die Stelle treten. Zum anderen verfahren Lehrpläne, Rahmenrichtlinien und andere amtliche Vorgaben hier sehr unterschiedlich: Die Bandbreite reicht von einer sehr genauen Auflistung und vorgegebenen Quantifizierung „fachspezifischer" Leistungen bis zur völligen Ignoranz der unterschiedlichen Dimensionen der sonstigen Leistungen.

Für die meisten Fächer, Schulstufen und -formen dürfte der Bereich der *mündlichen Mitarbeit* im Unterricht aber klar der wichtigste sein und – um eine ungefähre Zahl zu nennen – mit mindestens 50 Prozent in die sonstige Leistung eingehen. Dabei sind Unterrichtssituationen vorstellbar, in denen dieser Bereich mit 80 bis 100 Prozent gewichtet wird – in diesen Fällen ist die *sonstige* dann tatsächlich (fast) deckungsgleich mit der *mündlichen* Leistung.

Mündliche Mitarbeit zählt besonders

Die anderen oben genannten Bereiche der sonstigen Leistungen sollten entsprechend weniger gewichtet in die Gesamtleistung eingehen – je nach Altersstufe etc. etwa zwischen 10 bis 25 Prozent.

Eine besondere Aufmerksamkeit verdienen u. E. die *schriftliche Ausarbeitung* und die *mündliche Präsentation* von Referaten sowie alle weiteren freiwilligen Zusatzleistungen: Sind Referate, Protokolle etc. Pflichtbestandteil des Unterrichts, wie dies in Hauptfächern der oberen Sekundarstufe I und in Leistungskursen meistens der Fall ist, werden ihre schriftliche Ausarbeitung wie die mündliche Präsentation prozentual anteilig in die sonstige Leistung eingehen.

Bilden sie allerdings freiwillige Zusatzleistungen, sollten sie die Gesamtnote nur verbessern, aber nicht verschlechtern können. Das widerspricht zwar dem häufig noch geltenden Prinzip, dass Leistungen, wenn sie eingebracht werden sollen, auch dann zählen, wenn sie die Note verschlechtern. Aber es macht Sinn, in diesem begrenztem Umfang so zu verfahren, weil Schülerinnen und Schüler so auf ihre Stärken aufmerksam werden und bei Misslingen keine Sanktionen befürchten müssen.

Auch bei *Tests* und kurzen schriftlichen Arbeiten hat unser Bildungsföderalismus für eine ebenso unübersichtliche wie uneinheitliche Praxis gesorgt, die noch dadurch verstärkt wird, dass viele Kollegen sie mit Klassenarbeiten gleichsetzen, was aber in den meisten Fällen rechtlich nicht korrekt ist!

In der inhaltlichen Gestaltung, den Ansprüchen an diese Gestaltung und den Grundsätzen der Korrektur unterscheiden sich Tests nicht prinzipiell von den Klassenarbeiten/Klausuren und werden deshalb in den entsprechenden Abschnitten nicht mehr explizit erwähnt. In der Gewichtung und Bedeutung aber gibt es Unterschiede:
- Tests dauern meist nicht länger als eine halbe Schulstunde.
- Sie beziehen sich nur auf ein sehr überschaubares Stoffgebiet (häufig nur die letzte Stunde).

- Sie beziehen sich in der Regel auf den Anforderungsbereich 1 (vgl. S. 57).
- Sie brauchen nicht angekündigt zu werden.
- Sie dürfen nicht zu den schriftlichen Leistungen gezählt werden.

3.1 Klassenarbeiten und Klausuren

Formale Korrektur

Die Korrektur der Klassenarbeiten und Klausuren soll den Schülern Hinweise auf Fehler geben, um für die Zukunft Strategien zur Vermeidung ähnlicher Fehler zu entwickeln. Folgende formale *Korrekturzeichen* können in allen Klassenstufen verwendet werden:

Beziehungsfehler	Bz
Satzbaufehler	Sb
Grammatikfehler	Gr
Streichung von Überflüssigem	[-]
Einschub von Fehlendem	V
Ausdrucksfehler	A
Wortwahlfehler	W
Wiederholungsfehler	Wdh
Rechtschreibfehler	R
Zeichensetzfehler	Z

Die Fehler können verschiedenen Kategorien zugeordnet werden: Die Korrekturzeichen Bz, Sb, [-], V, A, W, Wdh beziehen sich hauptsächlich auf die Form der Darstellung in der Klausur. Sie werden bei der Bewertung der darstellerischen Leistung berücksichtigt. Die Fehler R, Z, Gr beziehen sich auf die sprachliche Form der Klausur. Gehäuftes Auftreten führt zu Punktabzug.

Die Korrekturzeichen erleichtern eine erste quantitative Fehleranalyse in einer Arbeit. Wenn die Fehlerhäufigkeit systematisch dokumentiert wird, können Entwicklungen entdeckt und unterstützende Maßnahmen frühzeitig eingesetzt werden. Das wird selten gemacht, könnte aber zu einer ersten Datenbasis für die Beschreibung der individuellen Entwicklung eines Schülers führen. Auch Schüler selbst sind in der Lage, die Dokumentation dieser Daten zu übernehmen. Damit würden sie ihre Selbsteinschätzung datenorientierter und verantwortlicher vornehmen. Denn wir haben die Erfahrung gemacht, dass kaum ein Schüler eine differenzierte Wahrnehmung gegenüber seinen Fehlern hat, weder in Bezug auf seine Fehlertypen noch auf die Fehlleistungen, die zu diesen Fehlern geführt haben. Auch die Lehrer legen wenig Wert auf eine Fehleranalyse, sondern geben sich in den meisten Fällen mit der punktuellen Korrektur zufrieden.

Inhaltliche und methodische Aufgabenprofile

Der folgende Kriterienkatalog ist allgemein anerkannt und deckt sich im Wesentlichen mit den Vorstellungen der KMK über einheitliche Prüfungsanforderungen für Schulabschlüsse. Er muss jeweils altersangemessen abgestuft werden. Ein komplexer Text z. B. bedeutet selbstredend in der Klasse 5 etwas ganz anderes als in der gymnasialen Oberstufe!

Gängig – und, wie wir denken, auch sinnvoll – ist die grundsätzliche Aufteilung der schriftlich zu erbringenden Leistungen in drei Bereiche:

Der *Anforderungsbereich I* umfasst die Wiedergabe von Sachverhalten aus einem abgegrenzten Gebiet im gelernten Zusammenhang und die Verfügbarkeit der notwendigen inhaltlichen und methodischen Kenntnisse in einem begrenzten Gebiet und einem wiederholenden Zusammenhang. Dazu gehören:

Anforderungsbereich I

- Kennen
    - von Darstellungsformen (z. B. Textart, Karte, Grafik, Skizze, Statistik, mathematische Formen),
    - von Arbeitstechniken und methodischen Arbeitsschritten,
    - einer angemessenen Fachterminologie,
    - der angemessenen Sprachnorm.
- Wiedergeben von
    - Grundtatsachen,
    - fachwissenschaftlichen Begriffen und Kategorien,
    - Ereignissen und Prozessen,
    - Strukturen und Ordnungen,
    - Normen und Konventionen,
    - Theorien, Klassifikationen, Modellen.
- Erkennen des der Aufgabenstellung zugrunde liegenden Themas, des Hauptgedankens, der Problemstellung,
- Verbinden der eigenen Kenntnisse und Einstellungen mit dem Thema, dem Hauptgedanken, der Problemstellung.

Der *Anforderungsbereich II* umfasst das selbstständige Erfassen und Einordnen bekannter Sachverhalte, das Strukturieren und gedankliche wie sprachlich angemessene Be- und Verarbeiten dieser Sachverhalte sowie das selbstständige Anwenden und Übertragen des Gelernten auf vergleichbare Sachverhalte. Dazu gehören:

Anforderungsbereich II

- Anwenden von sachadäquaten Methoden
  - bei der Untersuchung von Sachverhalten (z. B. Erfassen des Sinngehalts längerer und komplexer Texte, differenziertes Erfassen des Hauptgedankens),
  - bei der Übertragung in andere Darstellungsformen (z. B. bei text- oder aufgabenübergreifenden Bezügen),
  - bei der Erschließung von Arbeitsmaterial (z. B. Anwendung textanalytischer oder mathematisch-algorithmischer Kenntnisse),
  - bei der selbstständigen Auseinandersetzung mit neuen Fragestellungen (z. B. Übertragen von inhaltlichen und methodischen Kenntnissen auf neue Sachverhalte),
- selbstständiges Erklären und Anwenden einfacher und komplexer Sachverhalte,
- Verarbeiten und Ordnen,
- Anwenden des Gelernten und Verstandenen,
- Untersuchen bekannter Sachverhalte mithilfe neuer Fragestellungen,
- Verknüpfen erworbener Kenntnisse/Einsichten mit neuen Sachverhalten,
- Analysieren neuer Sachverhalte.

Anforderungsbereich III

Der *Anforderungsbereich III* umfasst das planmäßige Verarbeiten und die eigenständige Reflexion komplexer Gegebenheiten mit dem Ziel, zu selbstständigen Begründungen, Folgerungen, Deutungen und Wertungen zu gelangen und eigene Lösungsansätze zu entwickeln. Dazu gehören:
- problembezogenes Denken, Urteilen, Begründen,
- gezielte Nutzung des speziellen Fachwissens,
- Formulieren begründeter Folgerungen aus Texten/Arbeitsmaterialien,
- Begründen eines selbstständigen Urteils,
- Aufzeigen von Alternativen,
- Erkennen von Bedeutung und Grenzen des Aussagewertes von Informationen,
- Reflektieren von Normen, Konventionen, Zielsetzungen und Theorien,
- Problematisieren von Sachverhalten durch selbstständig entwickelte Fragestellungen, Entwickeln von Vorschlägen,
- Erörtern von Hypothesen und Überprüfen auf ihre Realisierungsbedingungen,
- kritisches Untersuchen und reflexive Distanz zum eigenen Vorgehen,
- Entwickeln einer eigenständigen gedanklichen und sprachlichen Darstellung,

- Beurteilen von Methoden,
- Erörtern möglicher methodischer Schritte,
- Begründen des eingeschlagenen Lösungsweges,
- Überprüfen von Methoden auf ihre Leistung für die Aufschließung von Sachverhalten und im Hinblick auf immanente Wertungen und Auswahlkriterien,
- Überprüfen von Darstellungsformen auf ihre Aussagekraft.

Allgemeiner Korrekturbogen

Darüber hinaus haben wir gute Erfahrungen damit gesammelt, die folgenden *inhaltlichen Korrekturzeichen* zu verwenden (den Schülern wird das Arbeitsblatt vor der ersten schriftlichen Arbeit verteilt und erläutert).

Inhaltliche Korrekturzeichen

Liebe Schülerinnen und Schüler,
die links in der Tabelle stehenden Abkürzungen stehen jeweils für die rechts erläuterten Sachverhalte! Ich werde sie in der Korrektur der Arbeit benutzen und jeweils mit unserem „normalen" Notenschema werten: also 1 = sehr gut, 2 = gut bis 6 = ungenügend.

RTa	Der Grad der sachlichen Richtigkeit der Textauswertung – die aufgestellten Behauptungen sind im Einklang mit bzw. im Widerspruch zum Wortlaut oder Sinn des Textes.
VTa	Der Grad der Vollständigkeit der Textauswertung – die Hauptgedanken des Textes sind erfasst bzw. wesentliche Gesichtspunkte bleiben verborgen.
GTa	Genauigkeit der Textauswertung – die Sinnabschnitte des Textes werden genau erfasst oder der Text wird stark vereinfacht.
BTa	Einige Überlegungen werden durch Textbelege gestützt bzw. nicht untermauert.
LTa	Die Reihenfolge der Gedanken und Argumente ist in sich logisch oder sie ist ungeordnet und nicht folgerichtig.
AuTa	Bezug zur Aufgabenstellung – die Aufgabe wird gelöst oder die Bearbeitung geht an der Aufgabenstellung vorbei.
SpTa	Angemessener Sprachgebrauch – die Gedankengänge des Textes werden zutreffend und genau erfasst oder die Wiedergabe verfälscht bzw. entstellt den Text.
ATa	Veranschaulichung durch Beispiele und Vergleiche – die eigenen Überlegungen sind mit Beispielen und Vergleichen erläutert bzw. die Erläuterung fehlt.

Dieser Korrekturbogen spart enorm viel Schreibarbeit und macht zudem die Korrektur transparenter.

Die Noten zu den einzelnen Aufgaben werden schriftlich begründet, dabei werden die Randnotizen und -kommentare einbezogen. Die Vor- und Nachteile der Klausur werden kommentiert.

Inhaltsbezogener Korrekturbogen
Noch einen Schritt weiter in Richtung Transparenz und gleichzeitige Effektivierung der Korrekturarbeit gehen *inhaltsbezogene Korrekturbögen*. Immer wieder muss man bei der Korrektur einer Schülerarbeit nachsehen, ob und wie man die gleiche Sache in einer anderen Arbeit kommentiert hat. Diese Suche ist zeitaufwändig und mitunter vergebens. Oft merkt man auch nicht, dass man auf den gleichen Fehler verschieden reagiert hat. Für häufig wiederkehrende inhaltliche Fehler empfiehlt sich daher ein einheitlicher Kommentar, den man als Korrekturbogen den Schülern aushändigt.

Der entsprechende Fehler bekommt einen Buchstaben auf dem Korrekturbogen, im Heft findet der Schüler nur den gleichen Buchstaben und eine Note von 1 bis 6 und holt sich aus dem Korrekturbogen den Kommentar. Das hat – neben der Einheitlichkeit der Kommentierung und der Arbeitsersparnis – zwei weitere Vorteile: Wenn man einen solchen Korrekturbogen anlegt, wird man sich als Lehrer schnell darüber klar, worauf es bei der gestellten Aufgabe ankommt, was man hier falsch machen konnte, bzw. was am häufigsten falsch gemacht wurde. Die Schüler bekommen ebenfalls diesen Überblick, können leicht erfassen, welche Bewertungskriterien der Lehrer hatte, welche Fehler sie gemacht, welche sie vermieden haben.

Man braucht als Lehrer nur – ehe man die erste Schülerarbeit korrigiert – eine Reihe von Arbeiten zu lesen, die Standardfehler zu beziffern und auf einem Zettel zu kennzeichnen. Diese Liste kann man während der weiteren Korrekturarbeit verlängern, sobald man zusätzliche Fehler findet, die man auf dem Korrekturbogen kommentieren will. Es ist auch möglich, mit den Schülern gemeinsam im Unterricht nach der Klassenarbeit – z. B. in einem fragend-entwickelnden Unterrichtsgespräch – solch einen Bogen zu erstellen.

Ein inhaltsbezogener Korrekturbogen ist nicht sinnvoll, wenn es in der Klassenarbeit um rein formale Anforderungen geht – also wie bei einer Mathematikarbeit in der Mittelstufe, einem Deutschdiktat oder einer Klassenarbeit im Fremdsprachenanfangsunterricht. Aber immer dann, wenn es um die Arbeit an und mit Texten geht – seien sie literarischer oder sachlicher Natur –, wird der Korrekturbogen die Arbeit erleichtern, das gilt für Textwiedergaben ebenso wie für Texterläuterungen, Erörterungen, Vergleiche, Stellungnahmen, produktionsorientierte Aufgaben etc.

Als Beispiel soll hier ein inhaltlicher Korrekturbogen zum Thema „Deutsch: Nacherzählung" in einer fünften Klasse vorgestellt werden. Der zugrunde gelegte Text war „Der kluge Anstreicher" von Mark Twain. Die Textform „Nacherzählung" wurde in den vorhergehenden Stunden mithilfe der unten folgenden Checkliste, die die Schüler auch während der Arbeit benutzen durften, eingeübt und an Beispielen vertieft.

Checkliste zur Nacherzählung
Zweck:
- Die Nacherzählung muss verständlich für denjenigen sein, der die Originalgeschichte nicht kennt.
- Der Inhalt soll mit eigenen Worten wiedergegeben werden.
- Ihr Ziel ist es, den Leser zu interessieren, ihn betroffen und/oder nachdenklich zu machen, und, falls die Geschichte es zulässt, ihn zu unterhalten.
- Sie soll die Handlung möglichst genau wiedergeben und so ausführlich wie für das Verständnis nötig sein.

Zur Technik:
- Man darf zur ursprünglichen Geschichte nichts hinzufinden.
- Die Reihenfolge der Erzählschritte darf nicht verändert werden.
- Nebensächlichkeiten sollten stark gekürzt werden.
- Aber: Alle für das Verständnis der Geschichte wichtigen Dinge müssen dargestellt werden, dies gilt insbesondere für den oder die Höhepunkte.
- Wörtliche Rede muss in der Nacherzählung unbedingt als belebendes, die Spannung steigerndes Mittel eingesetzt werden.
- Erzählzeit ist immer die Vergangenheit (Präteritum).

Um Texte in ihrer Ganzheit zu erfassen, sind analytische Verfahrensweisen in der Korrektur bzw. Bewertung manchmal eher hinderlich. Im Kontext der nationalen Vergleichsarbeiten (VERA 8, 2011, Fach Deutsch) wurde der Versuch unternommen, mithilfe einer Globalskala und differenzierenden Subskalen bewertende Aussagen zu Gesamtaussagen des Textes zu ermöglichen. Man könnte sich leicht vorstellen, das Prinzip auf eine Reihe von Textsorten zu übertragen, die in einer Schule verpflichtend und häufig der Leistungsbewertung unterzogen werden.

Korrekturbogen zur Nacherzählung von Mark Twains Geschichte „Der kluge Anstreicher"

A: Tom hat an einem wunderschönen Sommertag eine Strafarbeit bekommen und ist entsprechend schlecht gelaunt – das muss deutlich werden (innere Handlung!).

B: Tom versucht, Jim zu bestechen – das klappt auch fast, aber Jim hat zu viel Angst vor Tante Polly. Hier müssen Toms Überredensversuche unbedingt ausführlich mit wörtlicher Rede (Dialog!) wiedergegeben werden.

C: Die wundervolle Idee, die Tom gerade noch rechtzeitig beim Eintreffen von Ben Rogers kommt, darf an dieser Stelle auf keinen Fall schon verraten werden, dann ist die ganze Spannung auf den weiteren Handlungsverlauf weg.

D: Der erste Höhepunkt der Geschichte: Es muss in dem ausführlichen Dialog zwischen Tom und Ben deutlich werden, dass die Rollen sich allmählich umdrehen: Durch Toms List, so zu tun, als sei die Strafarbeit eine Belohnung, wird „Zaun streichen" plötzlich zu einer begehrenswerten Tätigkeit.

E: Da das Muster von Toms List jetzt klar ist, können die folgenden Dialoge mit den anderen Kindern des Dorfes kurz gehalten werden.

F: Am Abend ist Tom reich und sehr mit sich zufrieden.

G: Die Moral der Geschichte: Nicht die Art der Arbeit ist entscheidend, sondern die Frage, ob man sie freiwillig erledigt.

3.2 Offene, kreative und produktionsbezogene Aufgaben

Die hier skizzierten Vorgehensweisen lassen sich für einen Großteil aller Tests, Klassenarbeiten und Klausuren problemlos anwenden, sie gelten aber nicht grundsätzlich für alle möglichen schriftlichen Lernüberprüfungen – z. B. nicht für manche Aufgabenstellungen in den Fächern Kunst, Musik und Deutsch. Für eine produktionsorientierte, kreative Prüfungsleistung wie das Malen eines Bildes oder das Komponieren eines Liedes gibt es eben keine Musterlösung! Dennoch muss auch in diesen Fällen die Bewertung und Benotung nicht willkürlich und intransparent sein, wie wir an einem Beispiel aus dem Deutschunterricht einer zehnten Klasse zeigen möchten.

Die Schüler haben im Unterricht den Roman „Homo faber" von MAX FRISCH gelesen und interpretiert. Die Aufgabe in der anschließenden Klausur lautete: „Stell dir vor, dass Faber nur eine harmlose Krankheit hat; er wird nach zwei Wochen völlig gesund aus der Klinik entlassen und lebt weiter. Schreibe seine weitere Lebensgeschichte bis zu einem abschließenden Ende." Auch hier entwickelten Schüler und Lehrer gemeinsam direkt anschließend an die Klassenarbeit im Unterricht einen *Kriterienkatalog* zur Bewertung, der zwar nicht den Grad an Differenziertheit und Verbindlichkeit hat wie bei dem vorigen Beispiel, als Grundlage der Korrektur und Bewertung aber durchaus funktionierte. Folgende Fragen wurden erarbeitet:

> **Fragen zu „Homo faber":**
> Wie gut gelingt es, sich in die Person Walter Faber – seine Art zu denken, zu fühlen und zu handeln – hineinzuversetzen?
> Wie gut gelingt dies in Bezug auf Hanna?
> Wie überzeugend ist die weitere Handlung auf der Romanvorlage aufgebaut?
> Gibt es unmotivierte Sprünge, Wendungen, Überraschungen?
> Wie wird die Beziehung der beiden Hauptpersonen weiter gestaltet?
> Wird die Veränderung in Faber, die sich während des Aufenthaltes in Havanna andeutet, weiter gestaltet?
> Auf der sprachlichen Ebene:
> Wie gut gelingt es, Fabers lakonisch unterkühlten Stil weiterzuführen?
> Gelingt es, die neue Art, sich auszudrücken, die sich in Havanna andeutet, sprachlich zu gestalten?

Deutlich wird, dass hier ein gemeinsames Verständnis entwickelt werden kann, dass aber in der Frage, „woran die Kriterien zu erkennen sind" (Indikatoren), Gesprächsbedarf entsteht. Das muss nicht als Manko gesehen werden, sondern als gute Gelegenheit, die konkreten Merkmale eines gelungenen Textes deutlich zu machen.

3.3 „Sonstige" Leistungen

Die Definition der Begriffe „sonstige Leistungen" und „mündliche Leistungen" ist unscharf, und das, was die sonstige Leistung ausmacht, wird häufig sehr unterschiedlich gesehen, wie wir bereits gezeigt haben. Es können dazu gehören: Referate, vorgetragene und abgefragte Hausaufgaben, das Einbringen von Materialien, Informationen, Fragen oder weiterführenden Beiträgen, das Anfertigen von Protokollen und Unterrichtsmitschriften, das Führen einer Arbeitsmappe, außerschulische Aktivitäten etc. Wir schlagen daher die nachfolgende Unterteilung vor.

Schriftliche Ausarbeitungen
Der folgende Kriterienkatalog bildet die Grundlage der Bewertung schriftlicher Präsentationen. Er wird vorher bekannt gegeben und mit den Schü-

lern besprochen. **Auch dieser Kriterienkatalog muss altersangemessen angewendet werden!** Für ein Referat in der Klassenstufe 7 wird z. B. der Gesichtspunkt der Fehlerzahl (Punkt 1 bei den Formalien) wesentlich wichtiger sein als der des ausführlichen Literaturverzeichnisses (Punkt 7), die Sicherheit des methodischen Zugriffs dagegen wird etwa in der gymnasialen Oberstufe zunehmend an Bedeutung und Gewicht gewinnen.

Beispiel Facharbeitsthema

In einem Seminarfachkurs im 11. Jahrgang des Gymnasiums legten Lehrer und Schüler gemeinsam ein Facharbeitsthema fest. Es lautete: Welche speziellen wirtschaftlichen und wirtschaftspolitischen Probleme kennzeichnen unsere Region? Welche „Rezepte" gibt es gegen diese Probleme?

Alle waren sich einig, dass es sich hier nicht um eine „Literaturarbeit" handelte, für die man alles nötige Wissen aus Büchern oder sonstigen Quellen herausholen kann, sondern dass alle Schüler selber Forschungen und Untersuchungen durchführen müssten: in der städtischen Verwaltung, dem Stadt- oder Zeitungsarchiv, bei Experten oder durch Befragungen betroffener Personenkreise.

Zur Erweiterung der methodischen Kompetenz gab es vorher einen *Trainingskurs*, bei dem es um quantitative und qualitative Erhebungsmethoden, Interview- und Befragungsformen, Methoden der Datensicherung und -auswertung etc. ging. Die Bewertung der Facharbeiten erfolgte analog zu dem obigen Kriterienkatalog – die einzelnen Aspekte dieses Katalogs wurden in einen zusammenhängenden Text gebracht und um individuelle und nichtstandardisierte Einschätzungen und Bewertungen erweitert. Dieses „gemischte" Vorgehen erwies sich aus folgenden Gründen als sehr brauchbar:

- Aufgrund des Kriterienkataloges gab es eine ausgesprochen klare und vorher bekannte inhaltliche Vorstrukturierung der Bewertung.
- Diese Vorstrukturierung erleichterte und beschleunigte die Korrekturarbeit deutlich.
- Die Möglichkeit, jederzeit von der standardisierten zur individuellen Ebene zu wechseln, verhinderte jedes Vorgehen nach „Schema F".
- Die – immer vorhandene – Unsicherheit des Lehrers in Bezug auf Objektivität und Gerechtigkeit seiner Bewertung wurde deutlich geringer.
- Und nicht zuletzt war auch den Schülern die Bewertungsgrundlage klar erkennbar.

Praktikumsberichte

Betriebspraktika und die damit obligatorisch verbundenen Berichte sind mittlerweile bundesweit in allen Sekundarschulen Standard. Die Gestaltung

| Name: | Klasse: | Datum: |

Beurteilungskriterien und Bewertungsraster für Referate, Protokolle und Fach- und Jahresarbeiten

Thema:	Bemerkungen
Formalien:	
Wie viele Rechtschreib-, Zeichensetzungs- und Grammatikfehler enthält das Referat?	
Wie sind das äußere (Schrift-)Bild und die Gestaltung?	
Ist der sprachliche Ausdruck (evtl. der Gebrauch der Fachsprache) angemessen?	
Ist das Referat formal vollständig?	
Gibt es am Anfang eine sinnvolle Inhaltsübersicht?	
Sind alle Zitate kenntlich gemacht und die Fundstellen korrekt angegeben?	
Gibt es ein sachlich angemessenes, ausführliches und richtig angelegtes Literaturverzeichnis?	
Inhalt:	
Ist das Referat inhaltlich vollständig?	
Ist die Gliederung themenbezogen und in sich logisch?	
Finden sich größere Abschweifungen oder Abweichungen vom Thema, wird das Thema evtl. sogar verfehlt?	
Werden die verwendeten Fachbegriffe klar definiert?	
Bauen die Argumente logisch aufeinander auf, ist das Ganze in sich stringent (folgerichtig)?	
Wird deutlich unterschieden zwischen sachlicher Darstellung und dem eigenen Urteil?	
Methode:	
Werden die verwendeten Erhebungs- und Darstellungsmethoden beherrscht und angemessen verwendet?	
Wie umfangreich und mit wie viel Arbeit verbunden waren die Vorarbeiten, Recherchen und Erhebungen?	
Wie sorgfältig und (selbst-)kritisch wird mit Quellen, Sekundärliteratur, eigenen Erhebungen etc. umgegangen?	
Wie deutlich wird das Bemühen um Sachlichkeit und distanzierte Darstellung, gerade und auch in Bezug auf die Darstellung fremder Positionen?	
Arbeitsergebnisse:	
Wie ist das Verhältnis von Aufwand und Ergebnis, rechtfertigt das Ergebnis den betriebenen Aufwand?	
Kommt der Verfasser des Referats zu vertieften und selbstständig-kritischen Ergebnissen oder referiert er nur Allgemeinplätze?	
Wie ist das eigene Engagement des Referenten zu beurteilen?	

und Bewertung der *Praktikumsberichte* dagegen ist ausgesprochen heterogen und schwankt nach unseren Erfahrungen selbst innerhalb des Kollegiums einer Schule bisweilen extrem – von einer Benotung im üblichen Noten- oder Punkteschema bis hin zur völligen Nichtbewertung. Gerade deshalb sind in diesem Bereich unbedingt Transparenz und klare, eindeutige Absprachen zwischen Klasse und Lehrer vonnöten!

Das folgende Beispiel soll demonstrieren, wie diese Arbeitsgrundlage aussehen kann. Es ist sprachlich wie inhaltlich auf die Eingangsphase bzw. auf den elften Jahrgang der gymnasialen Oberstufe ausgerichtet – daher auch der Schwerpunkt auf der Reflexion der gemachten Erfahrungen –, kann aber problemlos auf die Klassen 8 bis 10 übertragen werden. Vor Beginn des Praktikums erhalten die Schüler einen Kriterien- und Beurteilungskatalog, wie ihn die Kopiervorlage auf S. 67/68 zeigt.

Zusätzlich zu diesen Hinweisen für die Anfertigung erhalten die Schüler einen Korrekturbogen, der vom Lehrer während der Korrektur des Berichts lediglich ausgefüllt wird – das spart nicht nur enormen Arbeits- und Zeitaufwand, sondern macht die Bewertung nachvollziehbar und einsichtig.

Mündliche Präsentationen und Moderationen

Auch für die mündliche Präsentation von Referaten, Haus- und Facharbeiten etc. sollten die Schüler die Bewertungskriterien vorher kennen und mit dem Lehrer diskutieren können. Ein entsprechender Katalog bildet in unserem Unterricht im Regelfall die Basis der Beurteilung, wobei auch hier selbstredend die altersangemessene Zurichtung gilt. Alle Schüler der Lerngruppe und auch der Referent oder die Referenten erhalten vor der Präsentation den Beurteilungsbogen (siehe Kopiervorlage S. 75).

Mündliche Mitarbeit im Unterricht

Das Erbringen mündlicher Leistungen ist in der Schulgeschichte wesentlich älter als schriftliche Klassenarbeiten oder Prüfungen. Dennoch ist ihre Bewertung im Vergleich zu den gerade skizzierten Modalitäten eher problematisch, subjektiv und fehleranfällig. Dies hat hauptsächlich zwei Ursachen: Mit Ausnahme von schriftlich protokollierten mündlichen Leistungen (wie im mündlichen Abitur oder anderen mündlichen Abschlussprüfungen) liegen die mündlich erbrachten Leistungen eben nicht in schriftlicher, also dokumentierter und damit objektivierter Form vor, sondern nur in der *Flüchtigkeit des gesprochenen Wortes* – von Randbereichen abgesehen, auf die wir weiter unten zu sprechen kommen.

Kriterienkatalog für Praktikumsbericht

1. Inhalt des Praktikumsberichts
A. *Schilderung des Betriebs*
Art des Betriebs (Rechtsform, Zugehörigkeit zu größeren Firmen, was wird produziert/verkauft?)

Art der Kundschaft

Anzahl der Mitarbeiter

Bildet der Betrieb aus, wenn ja, mit welchen Berufszielen? Wie ist der Betrieb organisiert? (ggf. Skizze)

Wie sind die Arbeitszeiten und Pausen? Schichtarbeit?

Gibt es einen Betriebsrat?

B. *Mitarbeiter*
Geschlechterverhältnis (ggf. Grund erforschen)

Welche Vor- bzw. Ausbildung haben die Mitarbeiter überwiegend (Akademiker, Gesellen, Meister etc.)?

Altersstruktur (schätzen, keine Umfrage!)

Art der Entlohnung (nicht deren Höhe!), z. B. festes Gehalt/Lohn, Stundenlohn, Akkord, Prämien, Stücklohn etc. oder auch Gewinnbeteiligung?

C. *Eigene Eindrücke*
Arbeitsklima und das menschliche Verhältnis der Mitarbeiter untereinander (was passiert z. B., wenn jemand einen Fehler gemacht hat?)

Verhältnis der Mitarbeiter zu den Chefs/der Firmenleitung etc. (wie ändert sich z. B. das Verhalten der Mitarbeiter, wenn der Chef kommt bzw. geht?)

D. *Schilderung der eigenen Tätigkeit* – aber bitte keine langatmigen Beschreibungen technischer Arbeitsabläufe, sondern Konzentration auf zwei bis drei typische Situationen, z. B.:
- Wie werde ich behandelt, wie werde ich angeleitet, wie kümmert man sich um mich?
- Wie selbstständig kann ich arbeiten?
- Was geschieht, wenn ich einen Fehler gemacht habe?
- Welche Berufsbilder habe ich kennengelernt?
- Welche Aufstiegschancen und welche Ausbildungschancen bietet der Betrieb?

E. *Was hat das Praktikum für mich persönlich gebracht?*
Dieser Teil ist der wichtigste, aber nicht unbedingt der ausführlichste! Hier sollst du deutlich machen, inwieweit du in der Lage bist, die gemachten Erfahrungen auch sinnvoll zu verarbeiten, zu strukturieren und zu formulieren! Also bitte keine subjektiv-unreflektierten Bewertungen à la „super", „megastark", „ätzend" etc.

2. Aussehen des Praktikumsberichts
Grundsätzlich schriftlich und ansprechend gestaltet, ersatzweise mit schriftlicher Ergänzung auch als Video, als Diashow, als Fotoreportage. Die unter 1. aufgeführten Informationen dürfen aber nicht fehlen! Und bitte: Nicht Masse, sondern Klasse!

3. Bewertung
Ihr habt unter sehr unterschiedlichen Voraussetzungen das Praktikum absolviert; dementsprechend können eure Leistungen nur ungefähr miteinander verglichen werden (wie sollte sich ein Bericht aus einer Maschinenfabrik mit 8 Punkten von einem Bericht aus einer Logopäden-Praxis mit 9 Punkten unterscheiden?). Grundsätzlich gilt daher: Der Bericht wird nicht benotet, aber bewertet!

Was bedeutet das? Es gibt nur drei Bewertungsstufen:

SCHLECHT (-)	IN ORDNUNG (0)	PRIMA (+)
Dies kann die Zeugnisnote in Politik		
drücken	so lassen	anheben,

allerdings nicht um eine volle Notenstufe!

Verhandlungen über mündliche Leistungen zwischen Lehrer und Schülern basieren daher – ungeachtet aller Notizen, die der Lehrer vielleicht während des vorangegangenen Unterrichts angefertigt hat – auf Beobachtung und Erinnerung von beiden Seiten. Bei jeder Form der Leistungsbewertung mündlicher Mitarbeit stellt sich sofort die schwierige Frage der *Gewichtung von Quantität* (also Häufigkeit des Meldens) *und Qualität* (der geäußerten Beiträge). Verschärft wird dieses Problem oft noch dadurch, dass Schüler bei sich und bei den anderen Mitschülern nur die Quantität wahrnehmen! („Ich hab mich doch immer gemeldet und krieg nur 'ne Drei, und Max döst meistens vor sich hin und kriegt 'ne Zwei!")

Nötig sind daher genauere Kriterien zur Differenzierung von Teilbereichen der mündlichen Leistungswertung gerade im qualitativen Bereich, denn die Quantität, also die Häufigkeit des Meldens bzw. des Aufrufens bei stillen Schülern, bedarf ja keiner weiteren Differenzierung als der, dass derjenige, der sich aus eigenem Antrieb meldet, höher bewertet wird als der, der erst nach Ansprache und Aufforderung zu Beiträgen bereit ist.

Das folgende Raster lehnt sich an die inhaltlichen und methodischen Aufgabenprofile von Seite 57 ff. an:

33 %	33 %	33 %
Reproduktive Leistungen	Transferleistungen	Produktive Leistungen
Etwas kennen, wissen, also auf Wissensfragen antworten können, Vokabeln oder mathematische Verhaltensweisen kennen etc.	Etwas auf neue Sachverhalte übertragen, neue Lösungsstrategien entwickeln etc.	Den Unterricht vorantreiben, neue Lösungen vorschlagen und entwickeln, Kritik üben etc.

Quer zu dieser Systematik ist eine andere Bewertungsebene gelagert, die sich in den folgenden Differenzierungsfragen ausdrückt. Handelt es sich bei der Schüleräußerung um:
- eine bloße Wissensfrage, weil der Schüler z. B. eine Vokabel oder ein Fremdwort nicht kennt?
- eine reine Nachfrage zur Klärung eines Sachverhaltes oder Themas?
- eine sachlich zwar richtige, aber nur in einem Wort oder Satz gegebene Antwort?
- eine ausführlicher formulierte Antwort in mehreren, aufeinander bezogenen Sätzen?
- eine ausführliche Verknüpfung mehrerer Gedankengänge mit einer selbstständigen, produktiven und umfassenden Beurteilung

Je weiter unten die Schüleräußerung anzusiedeln ist, desto größer und positiver ist die Leistung einzuschätzen. Die bloße Wissensfrage kann die Note zur mündlichen Mitarbeit nicht steigern, die selbstständige Beurteilung wird dies in erheblichem Maße tun.

Wir haben einen *Beurteilungsbogen* erstellt, der versucht, die beiden Aspekte zu vereinheitlichen – er hat sich für uns als besonders hilfreich und problemlos einsetzbar erwiesen. Er hat folgenden einfachen Aufbau:

Beurteilungsbogen für regelmäßige Einträge zu allen Schülern über einen festen Zeitraum

Name des Schülers	1. fachliche Kenntnisse	2. fachspezifischer Methodenansatz	3. fachsprachliches Ausdrucksvermögen	4. passgenaue Beiträge	5. Förderung des Unterrichtsprozesses	6. Kontinuität	7. Note (Punkte)
A							
B							
C							

In die einzelnen Felder des Bewertungsbogens trägt der Lehrer regelmäßig für einen Schüler einer Klasse oder eines Kurses die *durchschnittlichen Werte für ein Kriterium* über einen begrenzten Zeitraum in Noten oder Punkten ein. Je nach Verabredung mit den Schülern geschieht dies zwei- bis sechsmal im Halbjahr. Der Bogen ist für jeden Schüler jederzeit einsehbar, er bietet Anlass für inhaltliche Gespräche und die Möglichkeit, dass Schüler entsprechende Defizite aufarbeiten und verändern können.

Kritisch anzumerken ist, dass solche Beurteilungsbögen nur Durchschnittswerte wiedergeben, nicht aber die jeweiligen Situationen und Befindlichkeiten der Schüler und des Unterrichts berücksichtigen. Sie bilden dennoch eine gute Grundlage für Diskussionen und machen die mündliche Beurteilung der Mitarbeit deutlich transparenter. Sinnvoll ist es, diesen Beurteilungsbogen durch *Schülerselbstbeurteilungsbögen* zu ergänzen und zu erweitern.

Ein Bogen zur Beurteilung der mündlichen Mitarbeit kann auch so aussehen: Am Ende einer Unterrichtseinheit, eines abgeschlossenen Themas, eines Projektes etc. schreibt der Lehrer Bemerkungen zur mündlichen Mitarbeit in eine Klassen- oder Kursliste und bewertet diese. Wir stellen hier einen Ausschnitt vor.

Name	Beschreibung der mündlichen Mitarbeit	Mündliche Note
Anne	Kontinuierlich, aber wenig produktiv; fachlich/inhaltliche Fehler im Ausdruck	3
Patrick	Anwesend	5
Christoph	Selten, aber fachlich/inhaltlich gute Beiträge auf Ansprache; zurückhaltend und still	3
Maria	Sehr kontinuierlich, sehr gute Beiträge, diskussionsfördernd	1
Christine	Beteiligt sich trotz Ansprache wenig, sehr ruhig, unstrukturierte Beiträge	4
Natalie	Kontinuierlich, interessiert, gute/produktive Beiträge	2
Robert	Selten, manchmal störend, fachlich nicht immer korrekt, unproduktive Beiträge	4
Sebastian	Selten bei Interpretationen, sehr regelmäßig, gut und weiterführend beim Textverständnis; individuelle Arbeitsschwerpunkte je nach Interesse	2

Je nach individuellen Vorlieben können folgende drei Varianten zur Erstellung solch eines Beurteilungsbogens gewählt werden:

A Ich erstelle eine Liste mit möglichen sprachlichen Formulierungen, die die mündliche Mitarbeit im Unterricht nach meinen Vorstellungen präzise beschreiben können. Diese Formulierungen belege ich mit Noten oder Punkten.

5 anwesend
4 Steigerung der mündlichen Mitarbeit; kontinuierlich, aber fachliche Ungenauigkeiten; Beteiligung nur auf Ansprache; unstrukturierte/unproduktive Beiträge, seltene Beteiligung, stört, sehr ruhig
3 selten, durchschnittliche Mitarbeit, zurückhaltend, steigert sich, fachlich korrekte Beiträge, aufmerksam, gute Beiträge auf Ansprache
2 kontinuierlich, gute Mitarbeit, gute Beiträge, produktiv, interessiert, motiviert die anderen, diskussionsfördernd
1 sehr kontinuierliche, ausgezeichnete Mitarbeit; sehr gute, umfangreiche, produktive Beiträge; sehr interessiert, diskussionsfördernd

B Ich schreibe die Bemerkungen auf, die mir zum momentanen Zeitpunkt zur Mitarbeit des jeweiligen Schülers sinnvoll und treffend erscheinen. Ich bewerte die mündliche Mitarbeit im Gesamtkontext der Klasse bzw. im Vergleich der Schüler untereinander.

C Ich vereinbare mit den Schülern im Voraus, welche Formulierungen die mündliche Mitarbeit im Unterricht am besten beschreiben können und mit welcher Note sie belegt sind.

Bei allen drei Varianten ist es unbedingt erforderlich, nach Fertigstellung jedem Schüler den Beurteilungsbogen zugänglich zu machen. Jeder Schüler, der es wünscht, erhält einen Gesprächstermin über die Benotung, in dem Verbesserungen und Veränderungen erörtert werden können. Als sinnvoll und hilfreich hat sich erwiesen, wenn die Schüler ihre mündliche Mitarbeit selber beurteilen. Diese Beurteilung ergänzt den vom Lehrer entwickelten Beurteilungsbogen und bietet Anlass für weitere Gespräche.

Den Vorteil der recht leichten und effektiv-schnellen Handhabung erkaufen sich die bisher vorgestellten Bewertungsbögen allerdings mit dem weitgehenden Verzicht auf die Operationalisierung der mündlichen Leistungen. Wer die mündliche Leistung in Teilbereiche zerlegen, diese messen und gegeneinander abwägen und quantifizieren will, muss einen Schritt weiter gehen. Wir schlagen folgende *Operationalisierung* vor:

Fachliches, zielgerichtetes Lernen

Dazu zählt zunächst einmal die *sichere Nutzung fachspezifischer Arbeitsmittel* wie Lexika, Quellen, Statistiken, Internet, Formeltafeln sowie die Fähigkeit, Hilfsangebote gezielt zu nutzen, Vorarbeiten, (Teil-)Lösungen zu übernehmen etc. Flexibilität während des Arbeitsprozesses ist ebenso notwendig wie die klare Zielformulierung. Auf *fachliche Richtigkeit* zu achten ist schon beinahe eine Selbstverständlichkeit. Zur Reflexion des eigenen Arbeitsprozesses gehört nicht zuletzt die Fähigkeit, wesentliche von unwesentlichen Aufgaben oder Aufgabenaspekten zu unterscheiden. Für besonders wichtig (und gewichtig) halten wir die Kompetenz des *vernetzenden und innovativen Denkens,* also die Herstellung von Zusammenhängen mit anderen Thematiken und Fächern sowie das Einbringen neuer Ideen und Impulse.

Die Fähigkeiten, die eigenen Kenntnisse und Erkenntnisse sachangemessen darzustellen und in den Lernprozess der gesamten Gruppe zu integrieren, runden diesen Teilbereich ab.

Methodisches Lernen
Die Basis des methodischen Lernens bilden – insbesondere in offenen und projektförmigen Unterrichtsphasen – die sorgfältige *Beschaffung und Auswahl des Informationsmaterials,* das genaue *Prüfen des Materials* auf Seriosität und Ergiebigkeit sowie seine Ordnung, Sortierung und *Strukturierung.* Dazu kommt die sichere Beherrschung fachspezifischer Arbeitsmethoden und Lösungsstrategien.

Das selbstständige Aufstellen von *Zeitplänen* und die regelmäßige Kontrolle, ob diese Pläne eingehalten werden, sind ebenso wie die Formulierung von Teil- und Zwischenzielen in allen offenen Unterrichtsphasen wichtige Leistungskriterien. Im Bereich der methodischen Fähigkeiten spielt auch das *rhetorische Geschick* des jeweiligen Schülers während der sachangemessenen Darstellung der Arbeitsergebnisse eine Rolle.

Der Umgang mit andersartigen Meinungen, die Fähigkeit, diese sachlich zu reflektieren und ebenso wie die eigene Meinung zu bewerten, bildet den letzten Aspekt des methodischen Lernens.

Die beiden noch folgenden Teilbereiche mündlicher Leistung überschneiden sich recht deutlich mit der Beobachtung bzw. Bewertung von Lern-, Arbeits- und Sozialverhalten! Wenn dieses also ohnehin gesondert gewertet und ggf. benotet wird, raten wir dazu, die mündliche Leistung auf die beiden oberen Aspekte zu reduzieren.

Sozialkommunikatives Lernen
Hier geht es (insbesondere in den unteren Klassen) zunächst einmal um das Erstellen von (Umgangs-, Gesprächs-, Arbeits-)Regeln und die Bereitschaft, diese Regeln auch einzuhalten. In höheren Klassen wird diese Qualifikation mehr und mehr durch die Fähigkeit zur effektiven Kommunikation mit hohem Informationsaustausch ersetzt.

Zum Bereich des sozialkommunikativen Lernens gehört auch, die eigene *Meinung argumentativ und sachlich zu vertreten* und auf Kritik sachlich zu reagieren, ohne persönlich zu werden.

Nicht zuletzt kennzeichnet die Bereitschaft zur Übernahme von Arbeit und von Verantwortung wichtige soziale Leistungsbereiche.

Selbst erfahrendes Lernen und Selbstbezug
Grundlage des selbst erfahrenden Lernens ist die differenzierte Wahrnehmung und Beschreibung der *eigenen Stärken und Schwächen* sowie die Fähigkeit und der Wille, sich selber Lern- und Verhaltensziele zu setzen und diese einzuhalten, ohne bei einem Misserfolg gleich völlig „einzubrechen".

Diese Fähigkeiten münden idealerweise in die realistische und selbstkritische Einschätzung des eigenen Lernfortschritts. Zu diesem selbst erfahrenden Lernen gehört auch die wachsende Fähigkeit zur selbstständigen Überprüfung der eigenen Arbeitsergebnisse auf Angemessenheit und Richtigkeit.

Zum Abschluss bieten wir Ihnen auf S. 75 eine Checkliste zur Selbstkontrolle für die Schüler an, mit der wir gute Erfahrungen im Bereich der Selbstmotivation und -kontrolle gesammelt haben.

3.4 Haushefte und Mappen

Soll man die Führung eines Haushefts und/oder einer Unterrichtsbegleitmappe bewerten und benoten? In offenen Unterrichtsformen wie der Wochen- oder Themenplanarbeit ist dies ohnehin eine Selbstverständlichkeit, ohne die diese Methoden nicht funktionieren würden. Aber auch bei konventionellen, geschlossenen Unterrichtsformen sollte mindestens bis zum Ende der 10. Klasse die regelmäßige Bewertung von Heft und Mappe fester Bestandteil des Bewertungsrituals sein, selbst wenn es hier deutliche Überschneidungen mit den Kopfnoten für „Fleiß", „Sorgfalt" oder „Arbeitsverhalten" gibt. Die fachlich angemessene Führung eines Hefts ist eine wichtige Leistung im jeweiligen Fach. Wenn man den Schülern zudem von Anfang an (schriftlich) die eigenen Ansprüche an Heft- und Mappenführung transparent macht, gibt es eine klare Basis für die Bewertung.

Das folgende Beispiel ist sprachlich wie vom Anspruchsniveau auf die Klassen 5/6 ausgerichtet, es kann aber problemlos an die komplexer werdenden Anforderungen der höheren Jahrgänge angepasst werden:

Ansprüche an die Haushefte und Unterrichtsbegleitmappen

1. Sie müssen vollständig sein (alle Papiere enthalten, Inhaltsverzeichnis, Nummerierung).
2. Sie müssen sauber geführt sein (gutes Schriftbild, saubere Zeichnungen).
3. Sie müssen in Ordnung gehalten sein (Papiere in der richtigen Reihenfolge).
4. Sie sollten übersichtlich gestaltet sein (Zusammengehöriges auf einer Seite bzw. übersichtliche Einteilung in Kapitel).
5. Sie können zusätzliche Materialien enthalten.

Name: Klasse: Datum:

Checkliste zur mündlichen Beteiligung (Selbstkontrolle)

Liebe Schülerin/Lieber Schüler,

auf diesem Blatt findest du eine Checkliste zur mündlichen Beteiligung, mit der du selbst deine eigenen Leistungen einschätzen sollst. Sie wird von mir bei der Besprechung deiner mündlichen Leistungen berücksichtigt werden.

Gib dir bitte selber für jede Zeile eine Note in dem üblichen Notenschema von
1 (sehr gut) bis 6 (ungenügend):

Fach:	Note:
Ich melde mich während der Stunde mindestens einmal.	
Ich bin bereit, meine Hausaufgaben vorzutragen.	
Ich schaue Klassenkameraden beim Sprechen an.	
Ich stelle Verständnisfragen.	
Ich zitiere im Unterrichtsgespräch aus vorliegenden Texten.	
Ich begründe meine Meinung.	
Ich bemühe mich um das Verständnis anderer Auffassungen.	
Ich beginne meinen Beitrag mit der Zusammenfassung der Aussagen von Vorrednern, um mit meinen Aussagen daran anzuknüpfen.	
Ich fasse am Ende der Stunde die Ergebnisse zusammen.	

Was ich noch zu meinen mündlichen Beiträgen sagen möchte:

_____
_____
_____
_____
_____
_____

Webcode: LM233229-004   *3.4 Haushefte/Mappen*   75

3.5 Produktionsorientierte Leistungen

Experimente im klassischen Sinn wird es im schulischen Leben wohl beinahe ausschließlich in den naturwissenschaftlichen Experimentalfächern Physik, Chemie und Biologie geben. Die Herstellung eigener Modelle zur Erläuterung und Illustration der Realität dagegen ist sicherlich auch in vielen anderen Fächern denkbar und sinnvoll – vom Sachunterricht der Grundschule etwa bis zum Politikunterricht der Oberstufe. Wie also kann die Qualität eines Experiments oder Modells sinnvoll und transparent beurteilt werden?

Das Experiment ist die *induktive Methode* schlechthin – plötzlich stellt sich eine Frage, etwas taucht auf, das man nicht erklären kann – und man greift nicht zum Lehrbuch, um sich die wohlfeile Erläuterung fertig vorsetzen zu lassen, sondern man will es selber ausprobieren, will durch die eigene Tätigkeit am konkreten Einzelfall zu globaleren Erkenntnissen gelangen.

Das Experiment ist *handlungsorientiert* – Vermutungen werden formuliert, ein Versuchsaufbau, der diese Hypothesen bestätigen (oder widerlegen) kann, wird erdacht und erbaut, und schließlich wird das Experiment durchgeführt.

Das Experiment ist *methodisch kontrollierte Tätigkeit*. Jeder andere, der das gleiche Experiment unter den gleichen Bedingungen durchführt, muss zu identischen Ergebnissen gelangen.

Es ist last, but not least, streng *regelgeleitet*: Die Ergebnisse müssen genau mit den vorher formulierten Hypothesen verglichen werden, um sie ganz oder teilweise (oder gar nicht) zu verifizieren. Störende Faktoren, die das Ergebnis verfälschen können oder verfälscht haben, müssen beseitigt und das Experiment muss wiederholt werden.

Experimente ergeben sich selten spontan, sondern müssen vom Lehrer entsprechend vorbereitet werden. Da Experimente am wirkungsvollsten sind, wenn sie ein Überraschungsmoment in sich bergen, setzt die Inszenierung einer geplanten Experimentalsituation ein gewisses Maß an Geheimhaltung voraus.

Für die Durchführung eines Experiments ist eine ausgewogene Mischung aus *kognitiven* und *manuellen Fähigkeiten* nötig, also „Lernen mit Kopf, Herz und Hand" (PESTALOZZI) in seiner ursprünglichen Form. Insbesondere dem haptischen Lerntyp kommt das Experimentieren sehr entgegen.

Das Experiment als *hypothesen-* und *regelgeleitete Tätigkeit* erlaubt die unmittelbare Erfolgskontrolle des eigenen Denkens und Tuns. Entspricht der Versuchsverlauf den Erwartungen? Passt der Versuchsverlauf zu den

Hypothesen? Erhalten wir bei der Versuchswiederholung das gleiche Ergebnis? Diese Fragen lassen sich im Regelfall direkt nach Ende des Experiments bearbeiten.

Die unmittelbare Erfolgskontrolle kann auch einen Misserfolg zeigen – dann sind Geduld und langer Atem notwendig, um die Fehlerquellen aufzuspüren und auszumerzen.

Besonders unbefriedigend ist es, wenn das Experiment aus Gründen scheitert, die nicht im Verantwortungsbereich der Schüler liegen und die sie nicht ändern können, weil ihnen etwa notwendige Kenntnisse noch fehlen oder das vorhandene Material Fehlerquellen produziert. Eine sorgfältige Vorbereitung der Experimentalsituation ist daher unbedingt notwendig, sonst wird aus dem fruchtbaren Moment im Bildungsprozess leicht der „frustrierende Moment".

Wir unterscheiden bei der Beurteilung von Experimenten drei unterschiedliche Vorgehensweisen:

Drei Arten von Experimenten

1. *Vorgegebenes Experiment:* Ein Schüler oder eine Schülergruppe erhält als Vorlage eine Versuchsanleitung mit entsprechender Hypothese, die es zu belegen gilt. Das Experiment wird entsprechend den Vorgaben und den bereitgestellten Materialien durchgeführt.
2. *Angeleitetes Experiment:* Ein Schüler oder eine Schülergruppe versucht mit geeigneten Materialien und einem entsprechenden Versuchsaufbau eine vorgegebene Hypothese zu beweisen oder zu widerlegen.
3. *Freies Experiment:* Ein Schüler oder eine Schülergruppe formuliert eine Hypothese und plant selbstständig ohne Anleitung einen geeigneten Versuch mit entsprechenden Materialien zur Bestätigung der Vermutungen. Auftretende Fehler behindern nicht das Experiment, sondern führen dazu, dass die Vorgehensweisen noch einmal hinterfragt werden.

Diese drei Verfahren unterscheiden sich im Grad der Kreativität, der Anforderung und der Selbstständigkeit. Bei der Bewertung eines Experiments sollten diese Kriterien eine Rolle spielen. Dabei liegt das Augenmerk auf der Planung, der Durchführung, der Auswertung und der Dokumentation des Experiments.

Für die Arbeit mit *Modellen* und ihre Bewertung gelten ähnliche Bedingungen. Geklärt werden sollte im Voraus, ob mit einem schon vorhandenen Modell eine Theorie bestätigt werden soll (Modell als Hilfsmittel), ob das Modell zur Simulation dient (z. B. Computersimulationen) oder ob der Schüler anhand eines selbst entwickelten Modells die Funktionalität einer Sache erläutert.

3.6 Darstellerische Leistungen

Szenische Darstellungsformen wie Standbilder, Texttheater, Rollenspiele, szenische Interpretationen oder kurze gespielte Theaterszenen sind deutlich schwieriger zu bewerten, da jedes Urteil in diesem Bereich stark subjektiv geprägt ist. Aber auch hier kann man durchaus Teilbereiche der darstellerischen Leistung herausarbeiten und quantifizieren.

Neben die produktionsorientierten, offenen Formen der schriftlichen Leistungsüberprüfung in Klassenarbeiten und Klausuren etwa des Deutschunterrichts oder des Fachs „Darstellendes Spiel" treten Kriterien zur Beurteilung der ganzheitlichen Präsentation im und durch das Spiel.

Rollenbiografien und -monologe

Noch relativ nah am konventionellen Literaturunterricht ist dieser Teilbereich. Eine Rolle (eine Figur in einem Theaterstück) wird auf das für sie Wesentliche reduziert, ihr Wesenskern wird herausgearbeitet und dann in einem zweiten Schritt szenisch dargestellt. Dem Bewertenden stellen sich die Fragen, ob die Situation und die Reduktion angemessen sind, ob die dargestellte Figur entwickelt und differenziert wird und ob die Intention des Autors bzw. des Regisseurs präzise getroffen wird.

Schauspielerische Leistung

Wie gestaltet der Schüler die Rolle durch mimische, gestische und weitere *körpersprachliche Mittel*? Wie gestaltet er den sprachlichen Duktus? Daneben sind Bewertungskriterien wie der Umgang mit Requisiten, mit dem Bühnenraum und der Kulisse wichtig.

Schauspielerische Arbeit ist in sehr hohem Maße *Teamarbeit*, daher schlagen wir vor, den Fokus der Aufmerksamkeit auch auf diesen Bereich zu richten: Wie geht der Schüler mit Kritik um und wie kritisiert er andere? Auch die Bereitschaft, Verantwortung für die Aufführung zu übernehmen, die Verlässlichkeit und die Teamfähigkeit spielen eine wichtige Rolle bei der Bewertung.

Gestaltung der äußeren Rahmenbedingungen

Entwickelt der Schüler *kreative Fantasie* im Entwurf des Bühnenbilds und ist er in der Lage, diese handwerklich umzusetzen? Die gleichen Fragen stellen sich in Bezug auf Kostüme und Maske. Ein weiterer Gesichtspunkt ist die Beherrschung der technischen Elemente wie Licht, Akustik etc. Falls es zu einer schulinternen oder öffentlichen Aufführung kommt, kann man auch das Engagement in Bezug auf die Öffentlichkeitsarbeit bewerten.

Das Problem bei diesen Bewertungsprozessen liegt in der Flüchtigkeit des Augenblicks und damit der Handlungen. Dokumentationen (Video, Fotos) können hier eine Basis der intersubjektiven Verständigung schaffen. Ebenfalls in der Praxis bewährt: die Grundidee der szenischen Interpretation zu *materialisieren*.

In einem konkreten Fall resultierte daraus die Aufgabe, Fotoaufnahmen von Standbildern zu machen, für die Gruppe bedeutsame auszuwählen und diese in ein Plakat zu integrieren, das zur Ankündigung einer Aufführung dienen sollte. Die Kriterien für die Gestaltung des Plakates wurden zu Beginn mit den Schülern vereinbart, die Entstehung in einem individuellen Prozessbericht reflektiert. Die Gestaltung des Plakates und die Reflexion waren Gegenstand der Bewertung durch Schüler und Lehrer.

4. Stationen auf dem Weg zu einer lernförderlichen Leistungsbewertung

Wie bereits ausgeführt, sollten Leistungsbewertung und Rückmeldung in die allgemeine Lernkultur einer Schule eingebettet sein und im Einklang mit Individualisierung und Kompetenzorientierung stehen. Jede Schule muss dabei die Form finden, die zu ihren Bedingungen passt und ihre Entwicklung produktiv voranbringt.

Das Entwicklungsfeld ist nämlich so umfangreich, dass in der Praxis immer nur ein Teil davon bearbeitet werden kann. Die Themenauswahl sollte sich an dem Entwicklungsstand und den konkreten Bedürfnissen der Schule orientieren, aber auch so viel Praxisnähe garantieren, dass neue Optionen im Alltag zumindest in Teilschritten unmittelbar erprobt werden können.

Dieses Kapitel ist auch als Grundlage für selbst organisierte Fortbildung nutzbar

Dieses Kapitel kann man ebenso wie die anderen Teile des Buchs für sich allein lesen und nutzen, es kann aber auch als Vorlage für eine selbst organisierte Fortbildung unter Kollegen dienen.

In den einzelnen Punkten werden zunächst die Themen bzw. die Fragestellungen beschrieben, die sich erfahrungsgemäß ergeben, wenn Individualisierung und Kompetenzorientierung in Zusammenhang mit der Entwicklung einer lernförderlichen Leistungsbewertung betrachtet werden.

Wo es sich anbietet, schließen sich konkrete Diskussionsanregungen an, die sich bereits in verschiedenen Veranstaltungen der Lehrerfortbildung bewährt haben. Praktische Beispiele machen die Aussagen anschaulicher und nachvollziehbar.

Dieser Teil enthält viele Anregungen zum Transfer auf die eigene Praxis, was im Übrigen der Kern unseres Anliegens in diesem Kapitel ist. Unter 4.8 werden etliche Kopiervorlagen abgedruckt; welche davon zu den einzelnen Aspekten passen, erfahren Sie in den Kästen in der Randspalte.

In der Bearbeitung der einzelnen Punkte kann man der chronologischen Reihenfolge im Buch folgen – oder die Themen heraussuchen, die für die eigene Person, das Team oder das ganze Kollegium im Moment besonders wichtig sind.

4.1 Aus Rückmeldungen lernen

Worum geht es?

Leistungsbewertung in der Schule ist eine Erwachsenenreaktion auf eine kindliche oder jugendliche Leistung. Schülerinnen und Schüler sollten verstehen, welche Kriterien der Bewertung zugrunde liegen, und lernen, was eine Leistung zu einer guten Leistung macht. Auch aus Fehlern kann man lernen, allerdings taucht diese Gelegenheit in einer Klausur oder Prüfung zum falschen Zeitpunkt auf. Aber verstreichen lassen sollte man sie nicht.

Voraussetzung ist, dass sowohl die Lehrkräfte als auch die Schülerinnen und Schüler Fehler als „Zwischenschritte" ansehen. Es gilt, die Strategie oder die Regel zu erkennen, deren Anwendung zu dem Fehler geführt hat, und diese zu korrigieren. Die Klassifizierung eines Fehlers ist ein erster Schritt dahin. Es ist auch möglich, vor oder gar statt der formalen Korrektur (z. B.: „dreimal das Wort richtig schreiben") die Schüler zur Fehleranalyse anzuleiten.

Welche Optionen haben Sie?
1. Noten durch Bemerkungen zu den Lernfortschritten kommentieren (Problem: Wie werden die Fortschritte registriert?)
2. Rückmeldungen standardisieren
3. Stellungnahmen der Schülerinnen und Schüler zu den Rückmeldungen mit einbeziehen
4. Reflexion als Abschluss einer Klausur/Lernleistung einbauen

1. Noten durch Bemerkungen zu den Lernfortschritten kommentieren
Schriftliche Kommentare zu den Noten sind bei Klassenarbeiten üblich, mündliche Kommentare auch bei anderen Formen der Leistungsüberprüfung. Meist begründen sie die Bewertung punktuell in Bezug auf die Anforderungen. Bei gleichen oder aufeinander aufbauenden Themen von Klassenarbeiten oder in Bezug auf Basisqualifikationen, die auch bei unterschiedlichen Aufgabenstellungen vergleichbar sind (z. B. Rechtschreibung, Ausdrucksfähigkeit), lassen sich Lernfortschritte am ehesten festhalten und beschreiben. Hier könnten Sie beginnen.

Schülerinnen und Schüler nehmen ihre Lernentwicklung zuerst sehr subjektiv wahr. Die Orientierung an Teilaspekten und Kriterien ist ein erster Schritt, die subjektive Wahrnehmung zu ordnen und Vergleiche zu ermöglichen. Die Aufmerksamkeit kann sich z. B. auf die Wahrnehmung des Schwierigkeitsgrades, auf die Anstrengung, auf das Interesse an dem Themenfeld, auf die Qualität der Vorbereitung und den Zusammenhang von Unterricht und Leistungsüberprüfung richten.

Die Dokumentation der Daten durch die Schüler selbst richtet die Aufmerksamkeit auf die Aspekte, die die Leistung beeinflussen, und zwingt die Schüler dazu, Bilanz zu ziehen. Hilfestellung kann ein Raster geben, wie es z. B. in dem Schulbegleitforschungsprojekt „Z-Plus" in Bremerhaven an der Paula-Modersohn-Schule schon früh erprobt worden ist (SBF 1987).

Der Lehrkraft erleichtern die Kriterien eine strukturelle Beobachtung und Einordnung von individuellen Leistungen in das Leistungsbild einer Gruppe, ohne auf inhaltliche Orientierungen verzichten zu müssen.

2. Rückmeldungen standardisieren

Um wirksame Hilfen durch einen Kommentar zu geben, müssen Sie in der Lage sein, besondere Schwächen diagnostizieren zu können. Die Kommentare sollten darum neben der Dokumentation des Entwicklungsstands (Vergleich zwischen Vorleistungen und aktueller Leistung) gezielte Hinweise zum Ausbau von Stärken und zum Abbau von Schwächen enthalten. Die Chance, aus Fehlern zu lernen, wird so erhöht. Bei dieser Form der Rückmeldung hilft ein standardisiertes Verfahren, in dem vorformulierte Bausteine am PC je nach Situation kombiniert werden können. Das können z. B. für den Aufsatzunterricht solche Formulierungen sein:

> Du kannst dich verbessern, indem du
> (1) dir noch mal vergegenwärtigst, welche Anforderungen dieser Aufsatztyp genau von dir verlangt,
> (2) den Text aufmerksamer liest und dir am Rand Notizen zum Inhalt machst,
> (3) zuerst einen Schreibplan aufstellst und diesen dann Punkt für Punkt abarbeitest,
> (4) zum Schluss deinen Text auf Rechtschreibung- und Zeichensetzungsfehler durchliest.
> (…)

3. Stellungnahmen der Schülerinnen und Schüler zu den Rückmeldungen mit einbeziehen

Voraussetzung für das Gelingen der kommunikativen Validierung ist, dass Ihr Feedback allgemeinen Regeln folgt. Hilfreich sind dabei folgende Verhaltensweisen:

- sich in die Situation des Schülers einfühlen,
- sich verständlich und nicht ironisch ausdrücken,
- sich an der Situation und den Aufgaben/Zielen orientieren,
- mit dem Schüler im Voraus Vereinbarungen treffen,
- sich auf konkrete Handlungen beziehen,
- Gefühle in die Rückmeldung integrieren,
- voreilige Werturteile vermeiden,
- keine Vor-Urteile verbalisieren,
- das Feedback in den Prozessablauf einpassen,
- dem Schüler unmittelbar realisierbare Anregungen geben.

Was tun, wenn ein Schüler nicht alles aus Ihrem Feedback verstanden hat? Eine einfache Form, um herauszufinden, was genau Schwierigkeiten machte, sind Fragen, die eine gute Grundlage für ein Gespräch bilden. In dieser „Rückmeldung zur Rückmeldung" liegt viel Potenzial. Die Fragen können z. B. lauten:

> 1. Welcher Satz in dem Kommentar gefällt dir am besten? Schreibe den Satz auf.
> 2. Gibt es in dem Kommentar einen oder mehrere Sätze, die dir gar nicht gefallen? Wenn ja, welche(r)?
> 3. Was siehst du anders?
> 4. Findest du die Note für deine Leistung passend, zu gut oder zu schlecht?
> (…)

4. Reflexion zum Abschluss einer Klausur/eines Leistungsnachweises einbauen

Wenn im Kontext eines Leistungsnachweises Schülerinnen und Schüler zur Reflexion angehalten werden, schult dies ihre Wahrnehmung der eigenen Leistung. Wenn es sogar Teil der Gesamtaufgabe ist, steigt vermutlich die Aufmerksamkeit für die Faktoren, die die Leistung beeinflussen. Je nach Stand der Lern- und Selbststeuerungskompetenz kann es neben dem sachbezogenen Teil einen Aufgabenteil zur Reflexion geben, in der die Schüler

- ihre Stärken und Schwächen in der Bearbeitung der Aufgaben beschreiben,
- einen Vorschlag zur Bewertung begründen,
- einen Vorschlag zur Aufarbeitung der wahrgenommenen Defizite machen.

Auch in schriftlichen Arbeiten oder Klausuren ist diese Reflexionsleistung möglich, allerdings muss dafür ausreichend Zeit sein. Klausuren über zwei Unterrichtsstunden in der Oberstufe sind zu kurz.

Welche praktischen Folgen ergeben sich für Ihren Unterricht?
In der Schule sollen Schüler zu einer *realistischen Selbsteinschätzung* kommen können. Die Leistungsrückmeldung ist dafür die eigentliche Lernumgebung. Allerdings ist es für die Schüler oft nicht leicht, aus den Rückmeldungen die erforderlichen Informationen herauszulesen. Achten Sie darauf, dass in den Rückmeldungen beschrieben wird, was in Bezug auf die Aufgabenstellung geleistet wurde und was erwartet werden konnte. Weisen Sie auch konkret auf geeignete bzw. weniger geeignete Methoden der Vor-

bereitung hin. Allgemeine Ausführungen über den Wert von Fleiß oder zur Auswirkung von fehlenden Hausaufgaben sind zu allgemein und helfen wenig.

Zwei Instrumente können den Sachbezug in der Rückmeldung verstärken: *Rückmeldebögen*, wie sie zunehmend in den Schulen eingesetzt werden, und die Formulierung von *Kompetenzstufen* (vgl. Punkt 4.5; Kompetenzraster) oder mindestens die differenzierte Festlegung der *Mindestanforderung*. Sie könnte sich an den Anforderungsbereichen orientieren, wie sie in den Prüfungshinweisen fürs Abitur genannt sind, und Reproduktionsleistungen, Reorganisations- und Transferleistungen und Reflexion und Problemlösung unterscheiden. Nehmen wir als Beispiel die Regelungen für die Stadt Hamburg; hier werden die Anforderungsstufen genauer beschrieben, durch sogenannte *Operatoren* näher bestimmt und anhand von Beispielaufgaben erläutert.

Anforderungsbereiche I bis III für die Stadt Hamburg

> *Anforderungsbereich I umfasst das Wiedergeben von Sachverhalten und Kenntnissen im gelernten Zusammenhang sowie das Beschreiben und Anwenden geübter Arbeitstechniken und Verfahren in einem wiederholenden Zusammenhang.*
>
> *Anforderungsbereich II umfasst das selbständige Auswählen, Anordnen, Verarbeiten und Darstellen bekannter Sachverhalte unter vorgegebenen Gesichtspunkten in einem durch Übung bekannten Zusammenhang und das selbständige Übertragen und Anwenden des Gelernten auf vergleichbare neue Zusammenhänge und Sachverhalte.*
>
> *Anforderungsbereich III umfasst das zielgerichtete Verarbeiten komplexer Sachverhalte mit dem Ziel, zu selbständigen Lösungen, Gestaltungen oder Deutungen, Folgerungen, Begründungen und Wertungen zu gelangen. Dabei wählen die Schülerinnen und Schüler aus den gelernten Arbeitstechniken und Verfahren die zur Bewältigung der Aufgabe geeigneten selbständig aus, wenden sie in einer neuen Problemstellung an und beurteilen das eigene Vorgehen kritisch.* (Abitur 2012, Regelungen für die zentralen schriftlichen Prüfungsaufgaben; Internet: www.hamburg.de/abschlusspruefungen)

Soll die Rückmeldung mit einer Ziffernnote abgeschlossen werden, müssen Sie dafür eine gut überlegte Entscheidung treffen. Steht erst mal eine Ziffer neben den anderen verbalen Ausführungen, geraten Letztere schnell ins Hintertreffen und werden viel weniger beachtet. Machen Sie trotzdem im Text differenzierte Angaben, die die Vergabe der Note begründen und unterstützen.

Neben dem Ergebnis sollten die Rückmeldungen an die Schüler auch eine Beschreibung der vom Lehrer erkannten oder vermuteten Strategien des Schülers enthalten. Hier ist eine erste Aufgabe zur kommunikativen *Validierung* gegeben: „Habe ich die Strategien richtig beschrieben, die du angewandt hast?", statt: „Fühlst du dich gerecht beurteilt?" Voraussetzung für das Gelingen dieser Validierung ist, dass Sie Beschreibung und Bewertung voneinander trennen, sodass der Schüler sie einzeln betrachten und überprüfen kann.

Wenn Sie dem Schüler eine Empfehlung zum strategischen Vorgehen geben wollen, muss der Schüler daraus ablesen können, ob er seine bisherige Strategie nur verbessern und verfeinern oder ob er sich eine völlig neue Strategie überlegen sollte. Nur dann kann er die Empfehlung auf nachfolgende Aufgaben übertragen.

Unter dem Blickwinkel systemischer Betrachtung wird den *internen Verarbeitungsprozessen* zunehmend mehr Beachtung geschenkt. Die Intention, mit der eine Rückmeldung vom Lehrer gegeben wird, entspricht nicht unbedingt dem tatsächlichen Effekt. Die eigene Bewertung durch die Schüler, mit anderen Worten die innere Rückmeldung (vgl. WINTER 2004, S. 178), bestimmt den Lerneffekt.

Hier sind Sie auf die sogenannte *Metakommunikation* und ihre Strategien angewiesen. Das heißt, dass Rahmenbedingungen für vertrauensvolle Gespräche geschaffen werden müssen und dass zum Abschluss eines Gesprächs ein Feedback eingeholt wird, um Missverständnisse und daraus eventuell entstehende Blockaden für Folgegespräche zu vermeiden.

> **Kopiervorlagen**
> passend zu 4.1 finden Sie auf Seite 134–136, 138–139

Anregungen zur Diskussion

Zu dieser Thematik liegen sicher ausreichend Erfahrungen aus der individuellen Praxis vor, auf die Sie zurückgreifen können. Wir schlagen darum vor:
- Verständigen Sie sich auf zwei oder drei für Sie relevante Optionen für die Optimierung der Leistungsbewertung.
- Tauschen Sie sich über Ihre Erfahrungen mit Ihren Kollegen aus. Werten Sie diese aus und versuchen Sie, zu einer gemeinsamen Empfehlung von Schritten zu kommen, die für andere Kolleginnen und Kollegen interessant sein und die Praxis der Schule insgesamt befördern könnten.

4.2 Aufgaben angemessen gestalten

Worum geht es?

In der Öffnung von Unterricht hat die Aufgabenkonstruktion eine zentrale Stellung bekommen, weil in der Praxis von den Aufgaben der konkrete Steuerungsimpuls für den Lernprozess ausgeht. Sie initiieren Kompetenzerwerb oder reduzieren die Lerneraktivitäten auf das Abarbeiten von Regelanwendungen. Unter dem Aspekt von Individualisierung und Förderung stellen sich an die Qualität von Aufgaben (neue?) Anforderungen. „Kann die gestellte Aufgabe den Schülerinnen und Schülern helfen, Selbstvertrauen aufzubauen und Kompetenz- oder Solidaritätserfahrungen zu machen?" (MEYER 2007, 186). Welche Gütekriterien für solche Aufgaben, die zum Lernen motivieren, wichtig sind, haben BÜCHTER und LEUDERS so formuliert:

Damit starke wie schwache Schüler Erfolgserlebnisse erzielen können, müssen die Aufgaben ein hohes Differenzierungsvermögen haben.
Im Hinblick auf die Selbstwirksamkeitserwartung sind solche Aufgaben besonders geeignet, bei denen die Schüler sich schon bei der Auswahl der Anforderungen als Akteur erleben.
Aufgaben bieten dann viele Gelegenheiten für Erfolgserlebnisse, wenn sie ergebnisorientiert oder produktorientiert sind, also z. B. nach kurzer Bearbeitungszeit ein Ergebnis zeitigen oder Schülern die Gelegenheit zum Erstellen eines individuellen Produktes geben. (BÜCHTER/LEUDERS 2005, 189)

www.sinus-transfer.de

Mittlerweile gibt es für die Umsetzung dieses Anspruches viele Anregungen, z. B. über das Projekt „SINUS" (mehr Informationen unter diesem Stichwort im Internet). Wenn wir davon ausgehen, dass in der schulischen Leistungsüberprüfung die Aufgaben an die Lernaufgaben angepasst sein sollten, brauchen wir Kriterien für eine sinnvolle Aufgabenkonstruktion.

Welche Optionen haben Sie?
1. Voraussetzungen für erfolgreiche Leistungsüberprüfungen schaffen
2. Ansprüche an die Prüfungssituation klarstellen
3. Die Konstruktion von Aufgaben verändern (vom Anwenden zum Nachweis des Verstehens; dabei die Unterschiede in den Leistungsniveaus berücksichtigen; komplexe Aufgaben erarbeiten, die neben kognitiven Fähigkeiten auch andere Teilkompetenzen herausfordern)

1. Voraussetzungen für erfolgreiche Leistungsüberprüfungen schaffen
Die Aufgabenkonstruktion ist Teil einer Strategie, nach der Prüfungen an-

gelegt sind und geplant werden. Dazu gehört auch, die Funktion von Aufgaben und die Wirksamkeit von gewählten Formen zu überprüfen. Dem wird in der Praxis nicht immer angemessen Rechnung getragen. Die Folge ist, dass sich trotz geänderter Rahmenbedingungen und interner Schwerpunktverschiebungen die Leistungsüberprüfungen über Jahre kaum verändert haben.

Das kommt den Schülern in manchen Fällen insofern entgegen, als dass sie die Prüfungsformen und die Aufgabentypen ebenso genau vorhersagen können wie die Kriterien der Bewertung, ohne dass diese vorher explizit bekanntgemacht wurden: „Ich weiß doch, was der hören will." Selten hört man von Schülern darüber eine Klage. Schon eher reagieren Schüler kritisch, wenn Aufgaben aus dem Unterricht und solche aus den folgenden Überprüfungen voneinander abweichen, vor allem bei Klassenarbeiten, weil die einen hohen Stellenwert in der Gesamtnote haben.

Beziehen Sie die Leistungsbewertung bereits bei der Planung von Unterrichtseinheiten mit ein. Diese Fragen können bei der Aufgabenkonstruktion helfen:

- Ist die Prüfung (Inhalte, Formen) auf den Kern des vorangegangenen Unterrichts ausgerichtet oder eher auf einen Randbereich? Sind die Voraussetzungen auch in den methodischen Anforderungen auf einem Mindestniveau erfüllt, ohne die Prüfung vorwegzunehmen?
- Ist es möglich, Aufgaben mit verschiedenem Anforderungsniveau zu stellen, oder ist dafür Sorge getragen, dass die Aufgaben auf unterschiedlichen Niveaus bearbeitet werden können, z. B. durch die freiwillige Einbeziehung methodischer Hilfen?
- Sind die Kriterien für die Bewertung und das Verfahren, zu einer Benotung zu kommen, vorher festgelegt und allen Beteiligten mindestens zu Beginn der Prüfung bekannt?
- Sind Rückmeldungen zu den Aufgaben von den Schülern erfragt? Auf ihrer Basis kann eine Aufgabenanalyse stattfinden, um die Stimmigkeit der Einzelaufgaben und den Zusammenhang mit dem vorangegangenen Unterricht zu prüfen.

Vor der konkreten Gestaltung der Aufgaben ist zumindest zu klären, welche Kompetenzen an welchen Inhalten überprüft werden sollen. Da nicht alle denkbaren Aufgaben in eine Prüfung gepackt werden können, ist eine Auswahl notwendig. Es entsteht eine Art „Aufgabenstichprobe", die im besten Fall eine proportionale Abbildung des Unterrichts darstellt. Das ist allerdings in unterschiedlichen Fächern unterschiedlich leicht oder schwer, je

Welche Kompetenzen werden an welchen Inhalten überprüft

nach Komplexität des Themas und kumulativem Zusammenhang der Teilleistungen. Wenn z. B. im Deutschunterricht sowohl das Vorlesen von literarischen Texten als auch die Analyse und Interpretation als auch die Produktion eigener Texte die Unterrichtseinheit bestimmt haben, dürfte die proportionale Verteilung der Prüfungsinhalte nahezu unmöglich sein.

Hier könnte uns WERNER SACHER weiterhelfen, der als zweites Kriterium für die Auswahl von Prüfungsinhalten den Aspekt *Bedeutsamkeit* einführt (SACHER 2004, 57). Am ehesten mag die Umsetzung dieses Kriteriums mit Blick auf die zukünftigen Anforderungen gelingen:
- Auf welche Inhalte und Themen wird später weiter eingegangen?
- Was ist für die Arbeit in einem Beruf oder Betrieb relevant?
- Welches Wissen oder Können wird in einer weiterführenden Stufe vorausgesetzt?

Diese Leitfragen für die Auswahl von Prüfungsinhalten zu verwenden, erscheint auch den Schülern logisch. Sie sehen die Prüfung nicht nur als Abschluss einer vergangenen Lerneinheit, sondern stellen für sich die Fragen: Was weiß ich jetzt in einem Gebiet, das später fortgesetzt wird? Wie werde ich mit den Anforderungen fertig? Das erlaubt den Schülern, ihre Lernausgangssituation in Entscheidungen über weiterführende Bildungsgänge einzubeziehen, und Ihnen als Lehrkraft, sie dabei zu beraten.

2. Ansprüche an die Prüfungssituation klarstellen
Die Schüler müssen die Lernsituation von der Lernerfolgskontrollsituation unterscheiden können: In der Lernsituation sind Fragen erwünscht, es dürfen Fehler gemacht werden, bewertet werden nur Erfolge, nicht das Scheitern an einer Aufgabe. Schüler können auf die Hilfe der Gruppe und des Lehrers bauen, wenn sie eine Fehleranalyse machen und aus den Fehlern Konsequenzen ableiten wollen.

In der Situation, in der Lernerfolge kontrolliert werden sollen, ist die selbstständige Bearbeitung von Aufgaben gefordert. Das Gelernte soll verfügbar sein, auch ein Misserfolg wird registriert. Die Schüler sollten durch nicht benotete kleinere Übungsarbeiten und Tests auf die Situation der Lernerfolgskontrolle als solche eingestellt und auf ihre Art vorbereitet sein.

Besprechen Sie bereits während der Erarbeitung des Stoffs, wie sich die Schüler auf die spätere Kontrolle am besten vorbereiten können. Das gilt auch für in der Arbeit geforderte Transferleistungen. Besonderer Prüfungsgegenstand soll nur sein, was seit der vorangegangenen Lernerfolgskontrolle Unterrichtsgegenstand war. Beachten Sie, dass die Wissensvoraussetzungen in der Klasse verfügbar und die Verfahren zur Lösung eingeübt sind; die Prüfungsaufgaben selbst sollten in der vorgelegten Form noch nicht vorher gelöst sein, damit noch Reiz besteht, sie zu bearbeiten.

Die folgenden vier Bereiche mit Leitfragen von DIETRICH ALBRECHT möchten wir Ihnen als brauchbaren Orientierungsrahmen weiterempfehlen:

1. Habe ich alles mir Mögliche getan, um die Schülerinnen und Schüler auf diese Probe vorzubereiten? War ausreichend Gelegenheit zum Üben und Wiederholen? Sind die Ziele deutlich und die Wege, auf denen sie zu erreichen sind? Wissen alle, worauf es jetzt ankommt?
2. Ist die Aufgabe aufgrund der gegebenen Voraussetzungen lösbar? Weiß jeder, wie eine gute Lösung aussehen sollte? Ist die Aufgabe verständlich, eindeutig und altersgerecht? Bietet sie eine Chance, dass man Spaß bei der Lösung haben kann?
3. Bekommt die Schülerin oder der Schüler mit dieser schriftlichen Arbeit einen für sie oder für ihn wichtigen Hinweis zu den Lernfortschritten? Bekommt sie oder er Hilfen, sie zu vervollkommnen?
4. Mache ich auf positive Entwicklungen und Aussichten deutlich genug aufmerksam und stärke damit Leistungsfähigkeit und Selbstwertgefühl dieser Schülerin oder dieses Schülers? (ALBRECHT 1989)

Hilfreiche Leitfragen für die Prüfung

3. Die Konstruktion von Aufgaben verändern

Die konkrete Gestaltung der Aufgaben für eine Prüfung ist abhängig von der Form, in der diese stattfinden soll. Von Abschlussprüfungen abgesehen ist die schriftliche Arbeit unter Aufsicht, also die Klassenarbeit, die in den meisten Fächern dominierende Form. Das ist verständlich, weil diese Form ein beständiges Ergebnis produziert, das zeitlich unabhängig betrachtet werden kann, auch von mehreren Personen. Dabei können schriftlich in dem üblichen Zeitfenster vor allem Reproduktion und Anwendung von Wissen abgefragt werden. Da dies im üblichen Unterricht gerade das Ziel war, fiel dieser Nachteil bisher kaum ins Gewicht.

Wenn allerdings das Kriterium Proportionalität auf die Prüfungsform übertragen wird, dann bringt die Veränderung des Unterrichts notgedrungen auch Änderungen in der Gestaltung der Prüfungen mit sich. Neben den schriftlichen werden sich dann mündliche und vor allem praktische Prüfungen etablieren müssen. Diese Forderung ist nicht neu. HANS AEBLI hat schon früh darauf hingewiesen, dass Menschen über ihr Wissen auf ganz unterschiedliche Weise verfügen können; sie sind nicht automatisch stets in der Lage, ihr Wissen in Sprache zu übertragen. Er fordert, dass Schüler ihr

Welche Arten von Wissen gibt es

Wissen und Können in einem angemessenen Medium zeigen können und nur in Ausnahmefällen eine „Übersetzung" nötig wird. Drei verschiedene Wissensarten spielen hier eine Rolle:

Enaktives Wissen ist ganz in Handlungen versteckt. Es kann nicht verbalisiert und meist auch nicht in bildliche Vorstellungen übertragen werden. Nur in den Handlungen selbst lässt es sich prüfen. Neue Bedeutung bekommt diese Tatsache, da zunehmend viele Schüler aufgrund sprachlicher Probleme Handlungen nur unzulänglich beschreiben können. Und selbst wenn das gelänge: Die Beschreibung des Tuns weist noch nicht das Können nach. Das ist auch eine Herausforderung, wenn es um methodisch-strategische oder kommunikative Kompetenzen oder z. B. um darstellerische Fähigkeiten geht. Hier können Sie wichtige Impulse von den Fremdsprachenprüfungen in der entsprechenden Sprache und von den praktischen Prüfungen im Fach Sport oder in den bildenden Künsten aufnehmen.

Wissen, das in *bildhaften Vorstellungen* verpackt ist, lässt sich am besten durch die Einbeziehung von Karten, visualisierten Darstellungen oder das das Zeichnen oder die Visualisierung selbst reproduzieren. Als Beispiel können hier Mathematikaufgaben genannt werden, in denen zur Lösung räumliche Vorstellungsfähigkeiten herangezogen werden.

Wissen, das *auf Sprache* basiert, sollte natürlich zunächst auch in dieser geäußert werden können. Dabei gilt hier wie in den anderen Bereichen auch, dass manchmal der Grad des Verstehens nur zu überprüfen ist, wenn ein Wechsel des Mediums vorgenommen wird, also die Erfassung einer Situation durch eine genaue Beschreibung von Abläufen überprüft wird oder eine Textaussage in einer Metapher zusammengefasst werden muss.

Vom Anwenden zum Nachweis des Verstehens

Aufgaben können nicht nur nach dem Medium unterschieden werden, sondern auch nach den Zielen, die mit den Prüfungen verbunden sind. Wenn das Verständnis geprüft werden soll, gilt es, nach Zusammenhängen zu fragen, Umformungen wie z. B. die Umkehrung oder die Variation eines Lösungswegs vorzunehmen oder in die Betrachtung einer Situation eine neue Perspektive einfließen oder das Wissen und Können anwenden zu lassen.

BÜCHTER/LEUDERS (2005) haben differenziert ausgeführt, wie in der Mathematik über das Anwenden von Regeln der Nachweis des Verstehens möglich ist. Sie nennen dafür folgende Varianten in der Aufgabenkonstruktion:
- Einbetten in einen Kontext,
- explizit Begründungen einfordern,
- die Fragestellung umkehren,

- Beispiele und Gegenbeispiele einfordern,
- die Fragestellung dynamisieren

Dies soll ein Beispiel aus dem Mathematikunterricht deutlich machen:

1. Aufgabe
In der dargestellten Figur liegen die Punkte A, B, C und D auf einem Kreis mit dem Mittelpunkt M und dem Durchmesser AC.
A, B, C und D bilden ein Drachenviereck.
Die Figur enthält mehrere rechtwinklige Dreiecke, z. B. das Dreieck ASD.
Gib alle weiteren rechtwinkligen Dreiecke an, die in der Figur enthalten sind.
Begründe jeweils, weshalb das Dreieck rechtwinklig ist.

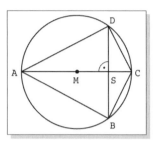

2. Variante der Aufgabe „Dreiecke in einer Figur"
Ergänze einen weiteren Punkt C auf dem Kreis bzw. auf dem Quadrat so, dass jeweils ein Dreieck mit rechtem Winkel bei C entsteht. Begründe dein Vorgehen.

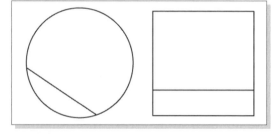

3. Vierecke im Kreis
Das abgebildete Viereck liegt mit allen Ecken auf dem Kreis und hat zwei rechte Winkel.
Was passiert jeweils mit der Anzahl der rechten Winkel, wenn man eine der Ecken entlang der Kreislinie wandern und die anderen drei jeweils fest lässt? Begründe deine Vermutung.

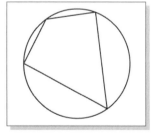

(Aus: LEUDERS, TIMO: Kompetenzorientierte Aufgaben im Unterricht. In: BLUM/DRÜKE-NOE/HARTUNG/KÖLLER (Hrsg.): Bildungsstandards Mathematik: konkret. Cornelsen Verlag Scriptor, Berlin 2006, 83 ff.)

Eine Differenzierung könnte sich hier ergeben, wenn die Aufgabe im Kopf (mentale Repräsentation) oder mit zeichnerischer Hilfe bearbeitet wird.

Allerdings ist in diesem Beispiel nur wenig von der Komplexität der Anforderungen erkennbar, die nötig wären, um eine mathematische Kompetenz zur Lösung von realen Problemen nachzuweisen. Das ist in der Leistungsüberprüfung durch Tests und Klassenarbeiten auch schwerlich umzusetzen.

In diesen Fällen empfiehlt sich vielleicht eine Alternative: Sie könnten auf eine Klassenarbeit verzichten und dafür als Ersatz in einer längerfristigen Hausarbeit die Bearbeitung einer komplexen Aufgabe fordern.

Wir zeigen hier ein Beispiel der Gesamtschule Mitte in Bremen, die wir einer Handreichung von Nikola Leufer und Susanne Prediger entnommen haben:

„Mein Traumzimmer"
Für diese Hausaufgabe hast du länger Zeit als sonst. Sie soll aber auch besonders ordentlich, rechnerisch nachvollziehbar und richtig von dir erstellt werden und gilt als Ersatz für eine Klassenarbeit. Bei dieser Hausaufgabe sollst du dir überlegen, wie das Zimmer aussähe, in dem du dich am wohlsten fühlen würdest. Der Fantasie sind keine Grenzen gesetzt.

1. Zeichne dein Traumzimmer mit Bleistift und Geodreieck oder Lineal auf ein weißes Blatt Papier. Wähle dazu einen geeigneten Maßstab. Notiere die Längenangaben in Meter an den Wänden, wie du es bei den Grundrissen kennengelernt hast. Gestalte und richte es ein, wie du möchtest. Du kannst auch ein Zimmer basteln, mit Wänden und allem, was dazu gehört.

2. Da jedes Zimmer irgendeine Art von Bodenbelag (Teppich, Teppichfliesen, Laminat, Fliesen …) hat, überlege dir, welchen Belag du in deinem Zimmer verlegen möchtest.
a) Berechne, wie viel du von dem jeweiligen Belag benötigen wirst.
b) Erkundige dich in einem Geschäft oder Prospekt nach dem Quadratmeter-Preis für den Belag. Wenn möglich, klebe einen entsprechenden Prospektausschnitt zu deiner Rechnung. Berechne nun, was du für deinen Bodenbelag insgesamt bezahlen müsstest.

3. Bringe zusätzlich in deinem Zimmer Zierleisten an der Decke und Fußleisten an. Wie viele Meter wirst du jeweils brauchen?
Schau in deinen Unterlagen nach, wie wir in beiden Fällen gerechnet haben.

4. Üblicherweise werden die Zimmerdecken mit Farbe gestrichen. Berechne, für wie viele Quadratmeter du Farbe einkaufen musst. Erkundige dich auch hier nach den Preisen im Handel und füge einen Prospektausschnitt bei. Berechne die Kosten für die gesamte Farbe.

▶

5. Auch Zimmerwände werden gestrichen oder tapeziert. Wähle aus und erkundige dich ebenfalls im Handel nach den Preisen. Bevor du berechnest, wie viel Farbe oder Tapete du kaufen musst und was dich das kosten wird, überlege dir, wie du rechnen musst. Werden Fenster und Türen auch angestrichen oder tapeziert? Bestimme selbst die Maße deiner Fenster und Türen.

(aus: Aufgaben vielfältig gestalten, Handreichung zu den Bremer Parallelarbeiten in Klasse 6, erstellt von Nikola Leufer, Susanne Prediger, Institut für Entwicklung und Erforschung des Mathematikunterrichts, Universität Dortmund, in Kooperation mit und für das Landesinstitut für Schule, Bremen 2007)

Anders als die Überprüfung von Kompetenzen erfolgt die *Überprüfung von Fertigkeiten*. Sie ist auf die Wiederholung einer Tätigkeit in einer begrenzten Zeit ausgerichtet. Je mehr automatische Reaktionen, desto erfolgreicher wird ein Schüler sein.

Die häufig verwendete Form der geschlossenen Aufgabe ist das *Multiple-Choice-Verfahren*. Viele Lehrer hegen das Vorurteil, mit dieser Form lasse sich nur Sachwissen auf einfachem Niveau erfassen. Das widerlegen viele Tests, in denen neben deklarativem Wissen auch das Prozess- oder Kontextwissen erfragt wird. Der Unterschied zu offenen Formen liegt darin, dass überwiegend Wiedererkennung (Rekognition) gefragt ist, also eine passive Verfügbarkeit über Wissen genügt. Raten hat eine relativ hohe Erfolgsaussicht, weil es im Prinzip reicht, die falschen Antworten auszusondern. Multiple Choice bietet aber mehr Möglichkeiten, als von Lehrern bisher in der Praxis genutzt werden. Die investierte Zeit für die intensive Ausarbeitung zahlt sich aus, wenn es an die schnelle und praktische Auswertung geht.

Beispiele für Multiple-Choice-Aufgaben

1. Zu welcher Zeit wurde vermutlich das abgebildete Foto gemacht? Achte auf die Details in der Kleidung und in der Umgebung.
a   Vor dem 1. Weltkrieg
b   Bald nach dem 2. Weltkrieg
c   Um 1970 herum

2. Früher nannte man Wale „Walfische". Wie lässt sich beweisen, dass sie Säugetiere sind?
a   Sie sind wechselwarme Tiere.
b   Sie atmen durch Kiemen.
c   Sie haben eine Wirbelsäule.

▶

3. Was trifft für eine Nacherzählung zu?
a Man kann Wesentliches weglassen.
b Die Reihenfolge der Handlung spielt keine Rolle.
c Man kann das Geschehen ausschmücken.

4. Das Dromedar ist ein Säugetier, das mit Hitze und Trockenheit hervorragend zurechtkommt. Kreuze an, was nicht stimmt.
a Im Rückenhöcker speichert es seine Fettvorräte.
b Das Dromedar schwitzt kaum und scheidet wenig Urin aus.
c Lange Wimpern und reichlicher Tränenfluss schützen die Augen vor Flugsand.
d Das Dromedar hat unter der Haut eine dicke Fettschicht.

Offene Aufgaben sind als Aufforderung zu verstehen, Bedeutungen von Begriffen, Texten oder Bildern frei zu rekonstruieren oder zu konstruieren. Sie sind viel stärker an ein kreatives Potenzial gebunden und bilden die anspruchsvollere Variante der Aufgabenformen. Sie setzen die Fähigkeit zu begrifflichen und strategischen Operationen voraus, die nicht bei allen Schülern gegeben ist. Manchen Schülern gelingt es dann auch nicht, ihr passives Wissen einzubringen, über das sie verfügen und das sie bei geschlossenen Formen aktualisieren könnten, weil in offenen Formen die Anknüpfungspunkte fehlen.

Mindestanforderung festlegen

Welche Aufgabenart Sie auch wählen: Wichtig ist, die Mindestanforderung festzulegen bzw. die Mindestkompetenz zu definieren, die als verfügbar vorausgesetzt wird. Oft gehen Lehrer von einem zu hohen Niveau aus und überschätzen die Möglichkeiten ihrer Schüler. Die empirischen Untersuchungen (PISA) geben deutliche Hinweise darauf.

Kontrollieren Sie nach Abschluss der Arbeiten die Verteilung der Leistungen und ziehen Sie Parallel- oder Vergleichsarbeiten hinzu, beides hilft (auch gemeinsam im Kollegium einer Schule), die Qualität der Aufgaben zu optimieren und gleichzeitig die Diagnosefähigkeit zu schärfen.

Formale Elemente

Eine lesbare und optisch ansprechende *Gestaltung* von Text- und Arbeitsblättern zeigt, dass Sie sich bei der Vorbereitung Mühe gegeben haben und die Schüler und die Prüfungssituation ernst nehmen. Es handelt sich hier keineswegs um einen „funktionslosen Ästhetizismus", wie es ein Kollege einmal in einer kontroversen Diskussion formulierte, sondern um einen wesentlichen Teil der ästhetischen Gestaltung der Umwelt, die dem Schüler als ‚Schulumwelt' entgegentritt.

Der angemessene Gebrauch von *Arbeits-* und *Hilfsmitteln* (Wörterbüchern, Lexika, Taschenrechner, Formelsammlungen, Elementetafeln etc.) muss den Schülern vor ihrem erstmaligen Einsatz vertraut und eingeübt sein. Einmal eingeführte Hilfsmittel sollten im Regelfall auch weiterhin bei Klassenarbeiten etc. verwendet werden dürfen.

Die *Arbeitszeit* ist so zu kalkulieren, dass die Schüler nicht gehetzt sind oder zur Flüchtigkeit verführt werden. Sie sollten Gelegenheit für eine sorgfältige Formulierung in vollständigen Sätzen und für eine ruhige Überprüfung des Geschriebenen haben. Von der Alters- und Schulstufe ist abhängig, ob zusätzlich ein Vorschreiben eingerechnet werden muss, damit die Qualität der Formulierung und der äußeren Form in der Reinschrift gesichert ist. Die vorgegebene Zeit für die gesamte Arbeit muss allen klar sein; Vorschläge für die Verteilung der Zeit auf die Lösung der einzelnen Aufgaben können eine zusätzliche Hilfe sein. Kurz vor dem Ende der Arbeitszeit sollten Sie laut einen entsprechenden Hinweis geben.

Um aus Erfahrungen lernen zu können, ist eine Dokumentation des Zeitablaufs (Dauer der Aufgabenbearbeitung oder Zeitpunkt des Beginns oder Endes) für Sie und Ihre Schüler hilfreich. Über die regelmäßige Auswertung dieser Daten kann die Basis für ein individuelles Zeitmanagement gelegt werden.

Die *methodischen Anforderungen* der einzelnen Aufgaben sollten Sie vor dem eigentlichen Beginn der Lernerfolgskontrolle in der Klasse daraufhin prüfen, ob sie von allen verstanden sind (dies betrifft auch die Liste von Operatoren im Zentralabitur). Die Schüler müssen zuverlässig wissen, was

> **Kopiervorlagen**
> passend zu 4.2 finden Sie auf Seite 67/68, 137, 140/141

sie z. B. bei einer Textwiedergabe, einer Texterläuterung und einer Texterörterung zu leisten haben und welche unterschiedlichen Anforderungen in diesen Aufgabentypen enthalten sind. Diese Anforderungen und die entsprechenden qualitativen wie quantitativen Bewertungsmaßstäbe müssen den Schülern vor der Arbeit bekannt sein, ebenso der Schwierigkeitsgrad und die Gewichtung der einzelnen Aufgaben für die Gesamtbewertung.

Die Aufgaben sollen dem unterschiedlichen Leistungsstand der Schüler gerecht werden: Mit der Reproduktion des Gelernten kann eine ausreichende Leistung erreicht werden, doch an einer besonderen Aufgabe dürfen die Schüler auch ihr erweitertes Wissen und Können beweisen.

Anregungen zur Diskussion
1. Überlegen Sie: Welches konkrete Problem in Ihrer Praxis fordert zur Veränderung heraus? Erläutern Sie es anhand konkreter Beispiele aus dem Unterrichtsalltag.
2. Mit welcher Zielsetzung möchten Sie das Problem bzw. die Herausforderung angehen? (z. B. Optimierung der Notengebung oder Suche nach Alternativen)
3. Welches könnten die ersten Schritte sein?

4.3 Selbstbewertung integrieren

Worum geht es?
Schülerinnen und Schüler sind die Expertinnen und Experten für ihr eigenes Lernen und kennen die Faktoren, die ihre Leistung beeinflussen, meist besser als ihre Lehrer. Mitwirkung in der Leistungsbewertung erweitert die Perspektiven und fördert die Qualität der Bewertung durch Multiperspektivität, vor allem, wenn es um die Erfassung der individuellen Leistungszuwächse geht.

Je mehr der Prozess, insbesondere die darin angewandten Strategien in die Bewertung eingehen sollen, desto stärker ist der Lehrer auf die Mitwirkung der Schülerinnen und Schüler angewiesen. Dies gilt noch mehr, wenn in die Phase der Leistungserbringung kooperative Formen integriert waren. Nur gemeinsam mit den Schülerinnen und Schülern kann der Lehrer eine Validierung seiner Bewertung vornehmen.

Die Kompetenz, hier wirklich im umfassenden Sinne gemeint, zur Selbstbewertung können Sie allerdings nicht einfach als gegeben voraussetzen, sondern diese muss in einem aufbauenden Prozess entwickelt werden. Wenn Nachdenken über die eigene Leistung zu einer Bewertung führen soll, müssen Schüler lernen, einen Maßstab anzulegen, nach denen Leistungen gemessen und mit anderen verglichen werden können. Das ergibt sich nicht automatisch im Arbeitsprozess, sondern bedarf einer gezielten Erarbeitung von Kriterien und Indikatoren, die für Schüler verständlich sind und die gleichzeitig Kompetenzen differenzierbar erfassen.

Schüler lernen, einen Maßstab anzulegen

Welche Optionen haben Sie?
1. Funktion und Ziele der Selbstbewertung klären
2. Selbsteinschätzung auf der Basis konkreter Aufgaben im Unterricht
3. Arbeitsprozesse dokumentieren (Wochenplan, Lerntagebuch, Lern- oder Arbeitsjournal, Logbuch, Portfolio)
4. Schriftliche Befragungen

5. Reflexion im Kontext von Klausuren und Klassenarbeiten
6. Der Arbeitsprozessbericht im Anschluss an Projektarbeit

1. Funktion und Ziele der Selbstbewertung klären
Wenn sich die Selbstbewertung auf die Frage nach der Übereinstimmung der Benotung durch Schüler und Lehrer beschränkt, greift sie zu kurz und setzt sich dem Risiko aus, als Spielerei angesehen zu werden, da der Lehrer in der Benotung immer das letzte Wort hat und aus seiner Verantwortung auch nicht entlassen werden kann, wenn es um Zertifikate und Berechtigungen geht. Darüber hinaus ist es eine Überforderung oder gar Zumutung für Schüler, in der Notenfindung für die Zeugnisse eigene Schwächen einzubringen, die möglicherweise vom Lehrer nicht entdeckt worden wären.
WERNER SACHER schlägt in diesem Zusammenhang vor:

> (...) *verschiedene Ebenen der Beurteilung zu unterscheiden:*
> *– eine Unterrichtsebene mit laufenden Feedbacks, Lernhilfen, Lernberatung, aber auch Selbsteinschätzungen und -beurteilungen während der Lern- und Leistungsprozesse,*
> *– eine Berichtsebene mit periodisch erstellten Lernberichten und*
> *– eine Promotionsebene mit Zeugnissen, Versetzungs- und Übertrittsentscheidungen.*
> (SACHER 2004, 225)

Für ihn ist klar, dass Selbstbewertung hauptsächlich der ersten Ebene zuzuordnen ist, gelegentlich in der zweiten Ebene Sinn machen kann, aus der letzten aber herausgehalten werden sollte.
FELIX WINTER bestätigt diese Sichtweise: Die Selbstbewertung ...

> (...) *dient nicht nur der sachgerechten Einschätzung von Lernprozessen und Produkten, sondern der Ausbildung der Fähigkeit zur Reflexion und Bewertung.*
> (WINTER 2004, 236)

Noch genauer formuliert THORSTEN BOHL:

> „*Selbstbeurteilung dient der Reflexion über eigene Arbeit und Leistung mit dem Ziel, das eigene Lernverhalten besser kennenzulernen und dadurch kontrollierbarer zu machen. Die eigene Leistungsfähigkeit kann dann eher realistisch eingeschätzt werden, was wiederum eher erfolgversprechende Handlungen erwarten lässt: Auftretende Lernsituationen können eher antizipiert werden, Handlungen werden selbstständiger und selbstbewusster ausgeführt.*"
> (GRUNDER/BOHL 2001, 31)

Die hier formulierte Funktion der Selbstbewertung gilt für die Schule wie für die Phasen selbstorganisierten Lernens im Erwachsenenalter. Selbstbewertung ist also lebenslang ein wichtiges Instrument der Steuerung und Optimierung von Lernprozessen und sollte in der Schule erlernt werden können.

Über die instrumentelle Funktion hinaus ist Selbstbewertung ein Element der Erziehung. Schüler werden dahin geführt, die Verantwortung für konkrete Leistungen zu tragen, wenn die Selbstbewertung die Analyse der Faktoren einschließt, die zur Leistung geführt haben. Die Zuschreibung von eigenen Anteilen und die Differenzierung von externen Faktoren ermöglichen eine realistische Einschätzung der eigenen Fähigkeiten besonders dann, wenn die Selbsteinschätzung mit einer Fremdeinschätzung konfrontiert werden kann, die sich an identischen Kriterien orientiert (siehe Selbsteinschätzung zum kooperativen Lernen).

Das Nachdenken über Leistungen, über die Gründe für Misserfolge oder über die Frage nach dem/der Verantwortlichen ist so alt wie die Schule selbst. Die Aufforderung „Da denk doch mal drüber nach!" ist wohl jedem noch aus Schule und Elternhaus geläufig.

Dass Reflexionen in einer schriftlichen Fassung viel Stoff für Gespräche zwischen Schülern und Lehrer liefern, aber auch Selbstkritik initiieren können, zeigt das folgende Beispiel aus der Sekundarstufe II. Die Aufgabe war, zu beschreiben, welche Faktoren zur Nicht-Einhaltung des vereinbarten Zeitplans für ein Referat zum Thema „Parteien" geführt haben. Dazu ist der folgende Text entstanden:

Warum wir den Zeitplan nicht eingehalten haben:

Zu Beginn der Arbeit waren wir motiviert und dachten, dass wir locker in drei Wochen fertig werden. Da wir im Dezember jede Woche mindestens zwei Klausuren geschrieben haben, waren wir ziemlich gestresst und haben die Parteiarbeit aufgeschoben. Als wir dann Ferien hatten, wollte jeder von uns nur Ruhe vor der Schule.

Wir haben uns einen Plan gemacht, in dem wir festgelegt haben, was wir wissen müssen und vortragen wollen. Diesen Plan haben wir nicht konsequent eingehalten.

Bei Themen, die nicht so provokant und trocken sind, ist es einfacher. Insgesamt haben wir die Arbeit einfach unterschätzt. Wir haben viel mündlich gemacht, anstatt konkret an der Aufgabe zu bleiben. Neben den vielen guten Seiten der Gruppenarbeit gibt es auch negative Seiten. Nicht, dass wir uns nicht verstanden

hätten! Das war überhaupt kein Problem, aber als Gruppe ist es schwerer, sich zu organisieren.
Uns ist bewusst, dass all diese „Gründe" keine Rechtfertigung sind, und das sollen sie auch nicht sein. Da fast alle aus unserem Kurs ihre Parteiarbeit nicht fertig bekamen, glauben wir schon, dass „schlechte Erfahrungen mit Lernen" ein Grund war. Aber wenn wir ehrlich zu Ihnen und uns selber sind, wissen wir, dass wir selber Schuld tragen. Man hätte sich treffen können, man hätte seine Aufgaben fertig machen können; wir haben jede Möglichkeit von Ihnen gekriegt, die man kriegen kann. Wenn Sie uns unter Druck gesetzt hätten, wären wir wahrscheinlich pünktlich fertig gewesen und Sie hätten uns Noten geben können. Das nächste Mal hätten Sie uns dann wieder unter Druck setzen müssen, und das Mal darauf wieder, und wenn Sie es nicht tun, dann tun wir nichts. Das wäre dann die Folge. So ist Schule, wie wir sie kennen. Und jetzt? Außenstehende würden sagen, dass man ja sieht, was dabei rauskommt, wenn man keinen Druck ausübt: NICHTS! Das stimmt nicht, weil es uns nämlich leid tut, dass wir Ihre Gutmütigkeit ausgenutzt haben, und wir haben dabei ganz sicher viel mehr gelernt als nur ein Parteiprogramm oder sonst ein Thema in der Schule. Wir hoffen, dass wir demnächst verantwortungsbewusster mit unseren Aufgaben umgehen.

Danke für Ihr Verständnis: Astrid, Nina und Miriam

In dem Text wird deutlich, dass die Analyse der Faktoren, die zu der Nicht-Einhaltung des Zeitplans geführt haben, durchaus differenziert erfolgt. Auch der in der Schule wirksame Mechanismus wird erkannt und erklärt, aber Konsequenzen oder Kriterien für zukünftiges Verhalten, nach denen eine Bewertung des Verhaltens erfolgen könnte, werden nicht benannt.

Wenn Nachdenken über die eigene Leistung zu einer Bewertung führen soll, müssen Schüler lernen, einen Maßstab anzulegen, Kriterien zu benutzen, nach denen Leistung gemessen und mit anderen verglichen werden kann. Ein gelungenes Beispiel, das allerdings mit immensem Aufwand entwickelt wurde, ist die Selbstbewertung aus dem Europäischen Sprachenportfolio (www.sprachenportfolio.de, dort umfangreiches Material im Aufbauportfolio für die Sekundarstufe I). Sie ist integriert in einen internationalen Referenzrahmen, entwickelt im Auftrag des Europarates.

www.sprachen-portfolio.de

2. Selbsteinschätzung auf der Basis konkreter Aufgaben im Unterricht
Wie schaffen Sie es, die Wahrnehmung der Schülerinnen und Schüler so auf einzelne Aspekte ihrer Lernleistungen zu richten, dass sie diese auch als von internen Faktoren bestimmt erfahren? Die der konkreten Schülerleistung

am nächsten liegende Möglichkeit besteht darin, Musteraufgaben mit einer offenen Bewertung und unter Anwendung von bestimmten, vorher besprochenen Kriterien in der Klasse bearbeiten zu lassen, so wie sie in Klassenarbeiten vorkommen könnten.

In diesem Verfahren bewerten Schüler selbst die eigene Leistung oder die der Klassenkameraden. Durch die aktive Rolle in der Bewertung wird der Perspektivwechsel nachvollziehbarer. Die offene Bewertung und anschließende Besprechung schärft den Blick für die Leistungseinschätzung.

3. Arbeitsprozesse dokumentieren

Bei längeren Arbeitsphasen ist es notwendig, die einzelnen Schritte im Arbeitsprozess zu dokumentieren, um später eine Gesamtbewertung auf der Basis von Daten abliefern zu können. Dabei haben sich die im Folgenden besprochenen Instrumente bewährt:

Wochenplanarbeit ist eine Methode der Unterrichtsorganisation, in der für eine Woche bestimmte Arbeitsaufgaben beschrieben sind, die die Schülerinnen und Schüler alleine oder in Gruppen bearbeiten. Um eine innere Differenzierung zu erreichen, ist es sinnvoll, Aufgaben in unterschiedlichen Schwierigkeitsstufen zu beschreiben. Die Wochenplanarbeit ermöglicht es bei entsprechender Dokumentation die Fortschritte Einzelner zu kontrollieren und ggf. Zusatz- und Übungsaufgaben zu vergeben.

Wochenpläne nutzen

Oft werden Wochenpläne im Rahmen einer umfassenderen Dokumentation der Lernleistungen der einzelnen Schüler geführt, z. B. in einem *Lerntagebuch*. Darin notiert jede Schülerin/jeder Schüler für die Haupt- und Nebenfächer die geplanten Arbeitsschritte der jeweiligen Woche. Auch das Wochenziel wird protokolliert. Zum Abschluss der Schulwoche kann der Schüler auf die geleistete Arbeit zurückblicken und überlegen bzw. notieren, ob er oder sie das Ziel erreicht hat. Neben dem Arbeitsplan wird ebenfalls vermerkt, in welchen Bereichen noch Hilfe oder weitere Übung notwendig ist.

Für die nächste Schulwoche wird alles Wichtige aufgeschrieben, z. B. geplante Klassenarbeiten oder Tests mit Datum, Bemerkungen oder Informationen zum Unterrichtsgeschehen (auch für die Eltern).

Im *Lern-* oder *Arbeitsjournal*, *Logbuch* oder *Portfolio* geht es zusätzlich darum, wichtige Prozessereignisse festzuhalten. Das könnten z. B. in einem individuell geführten Lernjournal zu einer Lektüre auch persönliche Eindrücke, Gefühle und Assoziationen sein oder in dem Logbuch einer Gruppe auch Konflikte oder Schwierigkeiten in der Kommunikation.

Vorschlag zur Gestaltung eines Arbeits- und Lernjournals: Die Gestaltung der äußeren Form überlassen wir Ihnen. Für die Inhalte und Verfahren schlagen wir vor:

Das Journal besteht aus zwei Hauptteilen,

- der systematischen Sammlung der Arbeitsunterlagen, eigener Texte und ergänzender Materialien aus der Projektarbeit wie Protokoll oder Planungsergebnisse. Dieser Teil ist öffentlich.
- einem Tagebuch, in das alles eingetragen werden kann, was der Schüler/ die Schülerin im Unterrichtsgeschehen für bemerkenswert hält. Das Tagebuch hat privaten Charakter; es gibt keine Verpflichtung, die Eintragungen zu veröffentlichen.

So kann ein Arbeits- und Lernjournal aussehen

Für das Tagebuch eignet sich am besten eine dicke Kladde (A4), eine Lose-Blatt-Sammlung in einem Hefter ist ebenfalls denkbar, wenn Unterlagen später sortiert oder nachträglich zusammengeführt werden sollen. Jeder Eintrag sollte mit Datum, Unterrichtsfach und den Namen der Beteiligten versehen sein. Um die Orientierung zu erleichtern, sollten diese Angaben immer an gleicher Stelle stehen. Eingetragen werden Beobachtungen, Reflexionen, Gefühle, Reaktionen etc. aus dem Unterricht. Es können Zettel, Bilder, Fotos eingeklebt werden, die der Schüler wichtig findet.

Der Eintrag erfolgt in der linken breiteren Spalte; rechts bleibt Platz für nachträgliche Kommentare frei, denn von Zeit zu Zeit sollte das Tagebuch durchgearbeitet und die Eintragungen reflektiert werden: Was sehe ich heute noch so? Was hat sich geändert/verbessert/verschlechtert? Welche Ideen/ Strategien hatten Erfolg, welche nicht? Zu dieser Analyse werden dann auch die Arbeitsunterlagen aus der Sammlung hinzugezogen.

4. Schriftliche Befragungen

Schriftliche Befragungen können die Aspekte, die in der Selbstbewertung eine Rolle spielen sollen, wesentlich weiter differenzieren, erfordern aber auch mehr Zeit, wenn die Ergebnisse zusammengetragen und dann diskutiert werden sollen, was z. B. für eine folgende Kursplanung sinnvoll ist. Rekapitulieren Sie frühere Unterrichtseinheiten, bevor Sie einen Fragebogen erstellen. Es wird Ihnen helfen, die wichtigen Aspekte zusammenzutragen.

5. Reflexion im Kontext von Klausuren und Klassenarbeiten

Sie können eine Selbstbewertung der Schüler auch am Ende einer Klassenarbeit einbauen, indem Sie einige Fragen zur abschließenden Reflexion über die Arbeit stellen. Ein Beispiel:

Reflektieren Sie zum Abschluss den Verlauf der Klausur. Sie können sich dabei an folgenden Fragen orientieren:
- Waren der Text und das Thema Ihrer Meinung nach dem Unterrichtsverlauf entsprechend gewählt?
- Wie beurteilen Sie die Vorbereitung auf die Klausur? Was könnten Sie verbessern?
- Erscheint Ihnen der Schwierigkeitsgrad der Aufgaben angemessen? Wo gab es Probleme bei der Bearbeitung der Aufgaben?
- Wie beurteilen Sie die Qualität Ihrer Leistung? (Sie können einen Notenvorschlag machen, müssen das aber nicht.)

Diese Möglichkeit ist erst in höheren Klassen sinnvoll und sollte gut vorbesprochen werden. Die ersten Durchgänge dienen nur der Einübung. Erst wenn die Schüler Erfahrung im Umgang mit Reflexionsaufgaben haben und den Zeitumfang der Bearbeitung einschätzen können, ist auch eine Bewertung denkbar, wenn Erwartungen und Gewichtung im Verhältnis zu den anderen Aufgaben in einer Klausur deutlich definiert werden.

6. Der Arbeitsprozessbericht im Anschluss an Projektarbeit

Im Arbeitsprozessbericht werden die Erfahrungen der Schüler dokumentiert und unter inhaltlichen, methodischen und sozialen Aspekten reflektiert. Er eignet sich besonders als Grundlage zur Bewertung von Projektarbeit. Auch komplexe Sachverhalte können hier in verständlicher Form abgefragt werden.

Die Aufgabe kann unterschiedlich formuliert werden. Sie kann in einer offenen Aufforderung gebündelt sein, z. B.: „Reflektieren Sie nach Abschluss des Projekts Verlauf und Ergebnis und Ihren persönlichen Lernerfolg". Oder man listet eine Reihe von detaillierten Fragen auf, wie das folgende Beispiel zeigt.

Abschlussbericht zur Projektarbeit
Nach Abschluss der Projektarbeit sollen Sie noch einmal über die Arbeit in Ihrer Gruppe nachdenken. Schreiben Sie Ihre Gedanken in vollständigen Sätzen auf maximal drei Seiten nieder. Der von Ihnen abgegebene Bericht wird nach Inhalt, Sprache (Rechtschreibung, Zeichensetzung, Grammatik, Ausdruck) und Form (Gliederung, Sauberkeit, Schrift …) benotet.

In dem Bericht sollten Sie auf folgende Fragen eingehen:
- Warum haben Sie das Thema gewählt?

- Welche Aufgaben haben Sie übernommen? Warum gerade diese?
- Was haben Sie in welcher Reihenfolge gemacht?
- Welche Schwierigkeiten gab es bei der Beschaffung des benötigten Informationsmaterials und dessen Auswertung?
- Wie haben Sie diese gelöst?
- Was hat Ihnen die Projektarbeit gebracht?
- Was haben Sie gelernt?
- Was war an der Projektarbeit nicht so gut?
- Welche Note würden Sie sich selbst geben? Warum?

- Wie war die Zusammenarbeit in der Gruppe?
- Wie wurde festgelegt, wer was macht?
- Haben Sie einander geholfen?
- Gab es Streit? Wie wurde er beigelegt?
- Haben alle in etwa gleich viel gemacht?
- Haben Sie sich in Ihrer Gruppe wohl gefühlt? Warum/warum nicht?
- Hat sich Ihr Verhältnis zu Ihren Mitschülerinnen und Mitschülern verändert? Wenn ja, wie, und worauf ist dies zurückzuführen?
- Welche Note würden Sie Ihrer Gruppe als Ganzes für die geleistete Arbeit geben? Warum?

Bevor Sie einen Arbeitsprozessbericht schreiben lassen, müssen die Schüler darauf vorbereitet werden, z. B. indem Sie die einzelnen Fragen miteinander besprechen oder einen Musterbericht vorlegen. Die Qualität der Ergebnisse steigt, wenn die Schüler weniger beschreiben, als die Arbeit wirklich zu reflektieren. Dann können auch Verbesserungsvorschläge erarbeitet werden, die Sie für künftige Projekte nutzen können.

Der Bericht selbst kann auch benotet werden. Die Qualität lässt sich anhand folgender Kriterien ermessen:
- Beschreiben (detailliert, vollständig, korrekt)
- Analysieren, z. B. Einflussfaktoren auf Verlauf oder Motivation
- Selbstbewertung anhand von Zielen und Kriterien (der Maßstab ist die Nähe zu den Zielen bzw. das Maß der erfüllten Kriterien)
- Alternativen oder Vorschläge für Folgeprojekte
- Vorschläge zur Vermeidung von Fehlern in der Zukunft
- Empfehlungen für nachfolgende Jahrgänge

Auszug aus einem Arbeitsprozessbericht einer 11. Klasse; das Thema der Projektarbeit lautete „Arbeitslosigkeit"

(…) Insgesamt habe ich diese Gruppenarbeit durchaus als positives Ereignis in Erinnerung. Obwohl dies nicht das erste Mal war, dass ich meine Arbeit mit anderen geteilt habe, habe ich interessante Erfahrungen gemacht. Ich hatte zum Beispiel nicht erwartet, dass die Arbeit mich so sehr zufriedenstellen würde. Ich hatte gedacht, dass es sehr schwer sein würde, mit dem Rest der Gruppe auf einen Nenner zu kommen und meine Ideen zu verwirklichen. Dem war aber nicht so. Wir konnten schon beim Aufstellen der Regeln für die Gruppenarbeit sehr gut zusammenarbeiten, denn es fiel praktisch jedem etwas dazu ein, und wir konnten uns schnell auf einige sinnvolle, für jeden annehmbare Regeln einigen. Diese Regeln wurden eingehalten, ohne dass wir uns gegenseitig ermahnen mussten. Ein wenig problematisch war die Aufteilung des auszuwertenden Materials. Da wir nach Unterthemen aufgeteilt hatten, war es nicht möglich, jedem gleich viel Material zuzuteilen. Aber auch hier konnte jeder zufriedengestellt werden. Ich glaube, dass in meiner Gruppe niemand das Gefühl hatte, ungerecht behandelt zu werden, indem er mehr Arbeit hatte als die anderen. Ich glaube auch, dass jeder Mitwirkende seine Ideen für sich zufriedenstellend darstellen und sich dadurch einbringen konnte.
Zu unserer Arbeitshaltung ist vielleicht noch zu sagen, dass wir im Unterricht eher über die Organisation unseres Projekts diskutiert haben, als am Ergebnis zu arbeiten. Dadurch wurde der Schwerpunkt unserer Arbeit nach Hause verlegt. Positiver Aspekt dieser Tatsache ist jedoch, dass wir dadurch so gut wie überhaupt keine Probleme bei Aufteilungen und anderen Besprechungen hatten, eben, weil wir einen großen Teil der Unterrichtszeit dazu genutzt haben.
Im Vergleich zu früheren Gruppenarbeiten habe ich erkannt, dass es die Arbeit erleichtert, ein wenig Zeit für gründliches Planen aufzuwenden. Im Endeffekt spart man dadurch Zeit ein, weil die Arbeit nicht mehr durch Diskussionen über den weiteren Ablauf unterbrochen werden muss. (…)

Anregungen zur Diskussion
- Wie bewerten Sie die Mitwirkung der Schüler und Schülerinnen in der Leistungsbewertung? Welche Bedeutung hat sie für Sie? Teilen Sie die Einschätzung, dass über die Reflexion der eigenen Leistungen das Lernverhalten bewusster und damit auch besser steuerbar wird?
- Was denken Sie über die Haltung Ihrer Schülerinnen und Schüler dazu?
- Wo sehen Sie Möglichkeiten, die Selbsteinschätzungskompetenzen der Schülerinnen und Schüler einzuüben?

- Wie könnte arbeitsteilig ein Instrumentarium zur Nutzung aufgebaut werden?

> **Kopiervorlagen**
> passend zu 4.3 finden Sie auf Seite 142–150

4.4 Gruppenleistungen bewerten

Worum geht es?

Gruppenarbeit ist als Thema ein Dauerbrenner in den Gesprächen zwischen Lehrern und Schülern, obwohl in der Theorie die Sache eigentlich klar ist: Kleingruppenarbeit ist das Instrument für die Binnendifferenzierung im Unterricht. In der Praxis ist allerdings nicht nur die große Lust auf Gruppenarbeit zu beobachten, sondern auch mancher Frust. Der entsteht meist am Ende der Gruppenarbeit, wenn es darum geht, aus dem Gesamtergebnis zu einer Bewertung der Einzelleistungen zu kommen. Oft gibt es Konflikte bei der Notenvergabe. Das ist nachvollziehbar, wenn man bedenkt, dass sich in den Noten nur noch das Ranking in der Gruppe abbildet und nicht mehr der Beitrag des/der Einzelnen zum Gruppenergebnis erkennbar wird.

Auch hier kann der Wert der Einzelleistungen wiederum an den bekannten Normen (Individualnorm, Sozialnorm, Sachnorm) bemessen werden. Es müsste dabei geklärt sein, dass die Sachnorm auf die Anforderungen eines Gruppenprozesses ausgerichtet ist.

Einleuchtend ist auch, dass die Bewertung stärker abhängig ist von der Qualität des Arbeitsprozesses als vom Ergebnis. Folgende Faktoren erleichtern die Gruppenarbeit:

- klare Ziele und sinnvolle Gliederung der Aufgaben,
- Strukturierung der Gruppenarbeit durch Regeln (organisatorisch, zeitlich, inhaltlich, methodisch, ...),
- Passung von Arbeitsanforderungen und Kompetenzen der Gruppenmitglieder (hier ist eine Selbsteinschätzung von den Gruppen gefordert, die sich z. B. an einem Anforderungsprofil orientieren kann),
- angemessene Lern- und Arbeitsvoraussetzungen (z. B. räumlich, zeitlich, Material etc.),
- Reflexion der Erfahrungen und ggf. Förderung der Teamfähigkeiten oder Arbeitstechniken durch Trainingselemente.

Es gibt in diesem Arbeitsfeld viele Einzelansätze, aber auch umfassende Konzepte wie die Methode der Themenzentrierten Interaktion (TZI), die von RUTH COHN entwickelt wurde und auch für den schulischen Unterricht eine tragfähige Basis darstellt. Die Bedeutung solcher Konzepte liegt nicht nur darin, Gruppenarbeit besonders effektiv zu gestalten; sie bieten auch

Methode der Themenzentrierten Interaktion für den Unterricht nutzen

eine Gewähr, anschließende Phasen der Bewertung so zu gestalten, dass die Verantwortung nicht ausschließlich auf dem Lehrer lastet. Das Ziel ist, den einzelnen Schülern gerecht zu werden, ohne die Gruppenleistung herabwürdigen zu müssen.

Welche Optionen haben Sie?
1. Benotung des Gruppenergebnisses und Stellungnahme durch die Gruppe
2. Notenpool-Verfahren
3. Selbstbewertung durch die Gruppe
4. Gruppenarbeit und Klausuren verbinden
5. Leistungsmessung im Gruppenpuzzle
6. Beurteilung von Projektarbeit

1. Benotung des Gruppenergebnisses und Stellungnahme durch die Gruppe

Eine differenzierte Bewertung von Gruppenleistungen, die zumeist in gemeinsam geschaffene Produkte einfließen, geht ohne die Mitwirkung der Schülerinnen und Schüler nicht. Eine entscheidende Frage ist folglich: Wie lassen sich die Gruppen in die Bewertung *integrieren*, ohne sie zu überfordern?

Wer sagt, das sei nicht möglich, der ist darauf angewiesen, seine Beobachtungen zur Grundlage der Differenzierung zu machen. Wer die Integration der Schüler als entlastend und notwendig für das Entwickeln von *Selbstbewertungskompetenz* ansieht, wird zumindest einen ersten Schritt vornehmen wollen: Der Vorschlag zur Bewertung des Gruppenproduktes wird der Gruppe zur Stellungnahme vorgelegt.

Die Gruppen diskutieren unabhängig vom Lehrer, sie werden aber auf die Punkte hingewiesen, die bei der Bewertung wichtig waren. Die Gruppen sollten in ihre Stellungnahme eine Entscheidung darüber einbauen, ob es eine gemeinsame Note für alle Gruppenmitglieder gibt.

2. Notenpool-Verfahren

Ein weitergehendes Verfahren legt die Verantwortung in stärkerem Maße in die Hände der Schüler: Die Gruppe bekommt einen Pool an Punkten, der aus der Multiplikation der Note für das Gruppenergebnis mit der Zahl der Gruppenmitglieder erwächst, siehe Beispiel:

Note für das Gruppenergebnis	10 Punkte
Zahl der Gruppenmitglieder	5
Notenpool	50 Punkte, die in der Gruppe unterschiedlich verteilt werden können

Den Schülern werden die Aspekte benannt, nach denen sie die Leistungsbewertung vornehmen können. Das sollte in schriftlicher Form geschehen, um während der Diskussion darauf Bezug nehmen zu können. Das folgende Beispiel ist angelehnt an die Materialien des Niedersächsischen Kultusministeriums für Berufsbildende Schulen:

> Liebe Schülerinnen und Schüler,
> wir stehen nun vor der Aufgabe, die zurückliegenden Wochen der gemeinsamen Arbeit auch unter dem Gesichtspunkt der Bewertung der erbrachten Leistungen einzuschätzen. Zu diesem Zweck will ich jeder Arbeitsgruppe die Gelegenheit geben, den Prozess ihrer Arbeit und die erzielten Ergebnisse selbst zu analysieren und zu bewerten. Dazu schlage ich folgende Vorgehensweise vor:
> Jede Gruppe hat die Aufgabe, den Arbeitsprozess und die Ergebnisse selbst zu beurteilen. Ziel ist es, jedem Mitglied der Arbeitsgruppe eine Note zu geben. Dazu bekommt jede Gruppe von mir eine vorgegebene Gesamtpunktzahl, die sich aufgrund meiner Notenvorstellungen ergibt. Diese Gesamtpunktzahl ist unter den einzelnen Gruppenmitgliedern zu verteilen. Von der Gesamtpunktzahl kann geringfügig abgewichen werden, wenn es im Plenum überzeugend begründet wird. Bei der Bewertung der Leistungen der einzelnen Arbeitsgruppenmitglieder können sich die Gruppen z. B. an folgenden Kriterien orientieren:
> – Beiträge zum Erreichen des Gruppenzieles
> – Qualität der Beiträge
> – Übernahme von Aufgaben
> – Engagement, Einsatz, Ausdauer
>
> Der Prozess der Leistungsbewertung der einzelnen Mitglieder sollte ausführlich in der Arbeitsgruppe diskutiert werden, bis nach Möglichkeit eine Einigung über die zu vergebende Punktzahl unter allen Gruppenmitgliedern erzielt ist. Falls keine Einigung zustande kommt, kann die Gruppe aus den anderen Gruppen einen Schlichter wählen oder die Lehrkraft bitten, dieses Gespräch zu moderieren.
> In einer abschließenden Gesprächsrunde erläutert jede Gruppe ihre Bewertungen. Die Lehrkraft legt ihre Einschätzung ebenfalls offen.

3. Selbstbewertung durch die Gruppe

Die weitestgehende Anforderung an die Selbstbeurteilungskompetenz beinhaltet ein Verfahren, in dem zuerst die Schüler die Bewertung der Gruppe bzw. der Einzelmitglieder vornehmen und diese der Gesamtgruppe und der Lehrkraft vorschlagen. Die Entscheidung bleibt allerdings der Lehrkraft vorbehalten. Anderes lassen die Erlasse nicht zu, es würde auch zu einer Überforderung kommen.

Selbstbewertung setzt gut ausgebildete Sozial- und Kommunikationskompetenz voraus

Alle beschriebenen Verfahren setzen voraus, dass insbesondere die *Sozial-* und *Kommunikationskompetenz* in den Gruppen gut ausgebildet ist. Sie erfordern, dass die Lehrkraft in Konfliktfällen ein Verfahren anbieten kann, in dem die Gruppen Hilfe zur Selbsthilfe finden. Notfalls steigt sie auch selbst in die Konfliktschlichtung ein.

Wenn auch die Anforderungen hoch sind, die Leistungsbeurteilung gewinnt ein neues Profil, Selbstbeurteilung und Intersubjektivität sind Voraussetzungen und gleichzeitig Ziel. Das Spektrum der Aspekte vergrößert sich, aber insgesamt wächst die Transparenz. Auch wenn das Verfahren Unsicherheiten produziert, die Erfahrung zeigt, dass nach erfolgreichem Abschluss die Atmosphäre in der Gesamtgruppe bereinigt ist.

4. Gruppenarbeit und Klausuren verbinden

Eine Ergänzung zu den vorhergehenden Überlegungen betrifft die Verknüpfung von Gruppenarbeitsphasen und schriftlichen Arbeiten/Klausuren. Wie schaffe ich einen gemeinsamen Lernstand, den ich abtragen kann? Dieser Umstand führt dazu, dass längere Arbeitsphasen in Gruppen selten sind, obwohl sich erst darin eine Schulung in sozialen und methodischen Kompetenzen voll entfalten könnte.

Eine mögliche Lösung dieses Problems besteht darin, die Differenzierung, die in der Gruppenarbeit wirksam geworden ist, in die Klausur zu übernehmen. Das heißt, Sie gestalten die Aufgabenstellung in einem Teil *gruppenspezifisch* und in dem anderen Teil *auf eine gemeinsame Thematik ausgerichtet*. Wenn der Unterricht z. B. in Theorieanteile und Fallstudien aufgeteilt ist, lassen sich solche Verknüpfungen leicht finden. Aufwand erfordert die Gestaltung der gruppenspezifischen Aufgabenstellung, Abwechslung und Vielfalt der Ergebnisse könnten bei der Korrektur dazu ein Pendant bilden.

5. Leistungsmessung im Gruppenpuzzle

Bei der Inszenierung eines *Gruppenpuzzles* können die Schüler durch den Wechsel von Individual- und Gruppenarbeit, den Wechsel von eigenem

Lernen und dessen Weitervermittlung an die Gruppenpartner das jeweilige Thema zu ihrer eigenen Sache machen. Der Unterschied zu normalem Gruppenunterricht besteht darin, dass die Schüler sich nicht nur arbeitsteilig und kooperativ in kleinen Gruppen etwas selbstständig erarbeiten können, sondern auch selber als Vermittler von Wissen gefordert sind, also auch didaktische Fähigkeiten entwickeln müssen.

Das Gruppenpuzzle ist eine Form des Gruppenunterrichts, die in geradezu idealer Weise die Vorteile des Gruppenunterrichts, insbesondere die Herausbildung von Kooperationsfähigkeit, mit dem individuellen Leistungsprinzip verbindet. Alle Mitglieder können beim Gruppenpuzzle nur dann erfolgreich sein, wenn sie sowohl gemeinsam und miteinander als auch individuell und allein ihr Bestes geben. Ein komplexer Wissensinhalt wird durch einen mehrfachen Wechsel von *Stammgruppenarbeit* und *Expertengruppenarbeit* angeeignet und zum Schluss auch überprüft.

Zunächst werden sogenannte *Stammgruppen* gebildet, die so viele Mitglieder haben wie die verschiedenen Aspekte des Themas, das bearbeitet werden soll (in unserem Beispiel vier). In der ersten (Stammgruppen-)Phase wird eine gemeinsame Aufgabe verteilt und angegangen. Jetzt können Schwierigkeiten besprochen und geklärt, das Material gesichtet und erste Überlegungen ausgetauscht werden.

In einem zweiten Schritt werden vier Expertenthemen benannt und an die Tafel geschrieben. In jeder Gruppe wird für jedes Thema ein Experte benannt. Am Ende dieser ersten Phase gibt es z. B. fünf Stammgruppen mit je einem Experten für die Aufgaben A, B, C und D.

1. Phase: Stammgruppenrunde

1	2	3	4	5
AB	AB	AB	AB	AB
CD	CD	CD	CD	CD

In der zweiten Phase bilden sich analog zu den vier Fragestellungen vier Expertengruppen. Diese *Expertenteams* müssen jetzt anhand weiterer Materialien ihr Spezialgebiet gemeinsam erarbeiten.

2. Phase: Expertenrunde

AA	BB	CC	DD
A	B	C	D
AA	BB	CC	DD

In der dritten Runde bilden sich wieder die ursprünglichen Stammgruppen. Hier hat jetzt jeder Experte die Aufgabe, den anderen Gruppenmitgliedern innerhalb eines vorgegebenen Zeitrahmens möglichst präzise und effektiv die im Expertenteam erarbeiteten Erkenntnisse zu vermitteln. Am Schluss der dritten Phase müssen in allen Stammgruppen alle Schülerinnen und Schüler über das, was in den Expertenteams gelaufen ist, informiert sein.

In der vierten Runde wird ein *Leistungstest in Einzelarbeit* geschrieben. Dies mag auf den ersten Blick verwundern, findet aber folgende Erklärung: Nur in der Form der isolierten Einzelarbeit ist sowohl die Qualität der Arbeit in den Expertenteams als auch die didaktische Fähigkeit der jeweils drei anderen Stammgruppenmitglieder überprüfbar. Würde ein Gruppentest geschrieben, wäre jeder Experte darauf erpicht, sein Spezialgebiet zu bearbeiten. Damit fiele der eben erwähnte zweite Gesichtspunkt weg, nämlich die Fähigkeit, anderen Wissen zu vermitteln.

Vor der letzten Phase werden die Tests ausgewertet und dann gruppenweise gewichtet und zurückgegeben. Also nicht die Einzelleistung der 20 Schülerinnen und Schüler ist entscheidend, sondern die jeweilige Gesamtleistung der Gruppe. Es gewinnt trotz der Bedeutung der individuellen Einzelleistung im Test letztlich die Gruppe, in der die Vermittlungsarbeit an die jeweiligen drei Nichtexperten am erfolgreichsten war.

6. Beurteilung von Projektarbeit

Projektlernen und Leistungsbewertung sind zwei Elemente, die in der Schule alltäglich, aber selten gemeinsam auftreten. Auch hier ist die komplexe Lernstruktur des Projektunterrichts meistens die Barriere: Wie sollen wir den vielfältigen Prozessen, die in einer Projektphase stattfinden, gerecht werden? Das ist eine häufig gestellte Frage, eine andere: Beziehen Schüler nicht auch einen Teil ihrer Arbeitsfreude an Projekten aus dem Fehlen der Bewertung in Form von Noten?

Welche Produkte sind in der Projektarbeit zu bewerten

Es ist unbestritten: Der Lehrer muss über alle Lernbereiche Rückmeldung geben oder organisieren. In Form von Noten/Punkten lässt sich das am ehesten bei dokumentierbaren Leistungen, bei Produkten realisieren. Diese Produkte sind bei der Projektarbeit:

- der anfänglich aufgestellte Arbeitsplan,
- das zu Projektbeginn mit den Schülern vereinbarte Ergebnis der Arbeit in der Gruppe,
- die Zwischenstandsberichte (mündlich, schriftlich),
- der (individuelle) Arbeitsprozessbericht,
- die Präsentation vor Publikum (methodisch, inhaltlich).

Die Kriterien, nach denen das Arbeitsprodukt bewertet wird, sollten vorher vereinbart oder vorgegeben sein. Zwei Aspekte bestimmen die Bewertung:
- der Sachbezug,
- die Vermittlungsqualität.

Eine große Hilfe für die Bewertung einer Projektarbeit besteht in der *Projektvereinbarung*, die nach Abschluss der Planungsphase eines Projekts schriftlich festgelegt wird. Zu diesem Zeitpunkt müssen die Schülerinnen und Schüler bereits eine klare Vorstellung von dem Endprodukt, die Abläufe geplant, die Arbeiten untereinander aufgeteilt haben. Es sollte feststehen, wer im weiteren Verlauf des Projekts welche Tätigkeiten mit welchen Methoden und welchen Mitteln für einen festgelegten Zeitraum mit definierten Zwischenergebnissen ausführen wird und in welcher Form die Begleitung durch die Lehrerin/den Lehrer erfolgt.

Die Projektvereinbarung gibt die Richtung vor

In der Projektvereinbarung werden auch die Motive festgehalten, die hinter der Themenwahl und den ausgewählten Methoden stehen.

Eine schriftliche Vereinbarung bedeutet eine hohe Verantwortung und Verbindlichkeit. Den Umgang damit kann man schrittweise einführen und einüben, z. B. in sogenannten „Übungsprojekten", aber auch in fachbezogenen Vorhaben.

Das folgende Beispiel zum Thema „Europa" aus einer 11. Klasse eines Gymnasiums im Fach Politik soll das verdeutlichen. Vor der Gruppenarbeit wurden in der Klasse mithilfe eines Brainstormings Themenfelder abgesteckt wie „Einführung des Euro" oder „Osterweiterung".

> **Beispiel für einen Gruppenauftrag**
> Fach Politik; Themenfeld „Europa"; Jg. 11
>
> Arbeitsauftrag: Erarbeiten Sie in der Gruppe die inhaltlichen Grundlagen für die Präsentation zu dem gewählten Thema. Formulieren Sie dazu
> – die Hauptfragestellung mit 3 Unterfragen,
> – die Aufgaben, die sich daraus ergeben,
> – die Ziele, die Sie verfolgen wollen, für das Ergebnis und den Arbeitsprozess.
>
> Führen Sie die Arbeitsschritte zur Vorbereitung der Präsentation so durch, dass alle Gruppenmitglieder beteiligt werden. Um diesen Prozess zu dokumentieren, führt die Gruppe ein Arbeitsjournal.
> Sie haben für die Realisierung Ihrer Planung in der Zeit vom 2.5. bis 23.5. insgesamt 8 Unterrichtsstunden zur Verfügung. Nach der Hälfte der Zeit wird eine Zwischenkontrolle vorgenommen. ▶

Präsentiert wird das Ergebnis an einer Stellwand mit einem Informationsteil (max. 3 Seiten), Grafiken, Bildern in einer mündlichen Darstellung (max. 20 Minuten) mit medialer Unterstützung.

Bewertet werden
- die Präsentation (Beteiligung, Lebendigkeit, Medieneinsatz),
- der Informationsgehalt (Richtigkeit, Aktualität),
- das Journal (Vollständigkeit, Reflexivität).

In das Bewertungsverfahren werden eine Selbstbewertung bzw. ein Bewertungsvorschlag durch die Gruppe integriert.

Informationen zum Arbeitsjournal: Es soll enthalten
- Termine, Themen, Teilnehmerinnen und Teilnehmer,
- Schritte im Arbeitsprogramm,
- Arbeitsaufteilung,
- Störungen, Probleme,
- Verschiedenes.

Im sogenannten *Kolloquium* weisen die Schülerinnen und Schüler nach, dass sie in einer mündlichen Präsentation das Projekt darstellen und auch gegenüber kritischen Nachfragen argumentativ verteidigen können. Die Leitfrage für die Bewertung der Leistung lautet: Kann der einzelne Schüler/ die einzelne Schülerin das Produkt und ggf. die dahinführenden Arbeitsprozesse überzeugend darstellen und im Dialog vertreten? Die Bewertung der Darstellung kann sich auf folgende Kriterien beziehen:
- Inhalt, z. B. gemessen an sachlicher Richtigkeit, Differenziertheit, Problembezug, Lösungsorientierung, Aktualität und Kreativität,
- Aufbau und Gliederung der Präsentation, u. a. erkennbar an einem attraktiven Einstieg, klarer Systematik, anschaulichem Material, der Beschränkung auf das Wesentliche und einer bewertenden Zusammenfassung,
- Einsatz von Medien, ob sachgerecht und Produkt angemessen oder eher auf Schaueffekte abzielend, ob zeitgerecht und reibungslos umgesetzt, ob auf verschiedene Wahrnehmungskanäle (Handout, Thesenpapier, Visualisierung durch PowerPoint, szenische Darstellung) ausgerichtet oder einseitig gestaltet,
- Vortragsstil, u. a. gemessen an der Lebendigkeit des Vortrags, an dem treffenden Gebrauch der Fachsprache und dem freien Vortragen.

Die Leistung im Gespräch zeigt sich u. a.

- in präzisen Antworten auf die Fragen, auf die mit Detailkenntnissen, einem fundierten Hintergrundwissen und einer differenzierten Problemsicht reagiert wird,
- im offenen und kritischen Gesprächsverhalten, das u. a. in dem souveränen Umgang mit Nachfragen deutlich wird,
- in der Vermeidung von Redundanz,
- in dem Einbringen der persönlichen Sichtweisen, die engagiert und selbstbewusst, aber auch der Situation einer Gruppenprüfung angemessen und adressatenbezogen vertreten werden.

Anregungen zur Diskussion
Tauschen Sie sich in einer kleinen Gruppe aus. Unser Vorschlag ist,
- zunächst die Erfahrungen aus der Runde aufzunehmen und in relevanten Fragestellungen zu bündeln
- und die konkreten Anforderungen aus der Beobachtung und Bewertung von Gruppenarbeit in einer praktischen Übung zu verdeutlichen.

> **Kopiervorlagen**
> passend zu 4.4 finden Sie auf Seite 151–156

4.5 Kompetenzentwicklung beschreiben

Die großen Schulleistungsstudien und die darauf folgenden Bildungspläne haben die Kompetenzorientierung in die Unterrichtsentwicklung gebracht. Für die praktische Umsetzung der Bildungsstandards und die damit verknüpfte Orientierung an Kompetenzen gibt es allerdings noch keine Routine. Es gelingt Schulen aber immer besser, die Umsetzung der Bildungspläne, die Orientierung an Kompetenzen und die Individualisierung des Lernens in einem Lernkonzept zu verbinden.

Worum geht es?
In der Schule sollen Schüler zu einem *realistischen Selbstbild* kommen können. Das gilt für den Stand ihrer Leistungen in Bezug auf die geforderten fachlichen Standards. Schüler benötigen einen verständlichen Referenzrahmen, wenn sie sich nicht nur auf die Fremdeinschätzung verlassen wollen. Die Kompetenzraster sind eine Methode, das umzusetzen.

Zu einem realistischen Selbstbild gehört auch, die eigene Leistungsentwicklung zur Kenntnis zu nehmen und daraus Zutrauen zu entwickeln, mit angemessenen Aufgaben auch in Zukunft erfolgreich umgehen zu können. Erste Voraussetzung dafür ist, zwei Orientierungspunkte voneinander zu trennen. Als Erstes gilt es, die Leistungen auf vorher benannte und klar abgrenzbare Kriterien zu beziehen, u. U. im Vergleich mit den Leistungen anderer Schüler. Zum Zweiten wird die Leistung in dem Kontext der individuellen Leistungsentwicklung eingeordnet.

Welche Optionen haben Sie?
1. Individuell nutzbare, den einzelnen Kompetenzstufen zugeordnete Tests
2. Dokumentation der Leistungsentwicklung in Kompetenzrastern oder Portfolios
3. Zusammenfassende Rückmeldungen in Lernentwicklungsberichten

1. Individuell nutzbare, den einzelnen Kompetenzstufen zugeordnete Tests

Am augenfälligsten wird der Wandel im Unterricht in den Lernbüros, wie sie von den Schulen entweder als Ergänzung zum Fachunterricht oder zum Erwerb der Basiskompetenzen in den Kernfächern eingerichtet werden. Das Lernbüro kann zu festen Zeiten außerhalb des Stundenplans geöffnet sein oder direkt in den Unterricht integriert werden. Merkmale des Lernbüros sind:

Merkmale des Lernbüros

- Es gibt einen festen Basisraum mit umfangreichen Arbeitsmaterialien, Bibliotheks- und Internetzugang; daneben ist das Lernbüro während der Integrationsphasen in den Unterricht aber auch mobil.
- Schüler können sich mithilfe der Materialien und Medien Unterrichtsinhalte aneignen, wiederholen, vertiefen und festigen oder einfach ihre Hausaufgaben erledigen.
- Die Schüler orientieren sich am individuellen Lernstand und Lerntempo und an ihren Interessensschwerpunkten.
- Die Arbeit im Lernbüro kann freiwillig oder auf Weisung des Fachlehrers erfolgen.
- Lehrer und ältere Schüler (Tutoren) stehen als Ansprechpartner zur Verfügung und helfen nach Aufforderung bei der Lernorganisation.
- Die Wahl der Lern- und Sozialformen bestimmt der Schüler selber.
- Das Wissen um die Möglichkeit, bei Bedarf Hilfe zu erhalten, ist Grundlage des hier getroffenen Lernarrangements.
- Die Leistungsrückmeldung erfolgt in Form von Lernentwicklungsgesprächen, schriftlichen Berichten und Zertifikaten für erfolgreich abgeschlossene Sequenzen.

Im Mittelpunkt steht der Erwerb von *Basiskompetenzen*, deren Systematik sich in Lernplänen (Kompetenzrastern, Themenplänen, Arbeitsplänen, Lernlandkarten oder Förder-/Forderplänen) abbildet. Für die Lernprozesse werden Aufgaben und Materialien in Bausteinen entwickelt. Die Lernprozesse werden in Logbüchern, Portfolios oder Lernjournalen dokumentiert. Das Erreichen von Zielen wird kontrolliert und gekennzeichnet. Die Lehrkräfte beraten die Schüler individuell und treffen mit ihnen Vereinbarungen über die nächsten Schritte oder entwickeln mit ihnen Lösungsideen für persönliche Probleme, die das Lernen behindern. Sie entscheiden auch, ob die Schülerinnen und Schüler reif sind für den nächsten Schritt im individuellen Lernplan.

Die Wochenpläne, die Kompetenzraster und die Checklisten ermöglichen es dem Schüler, sich jederzeit ein Bild über seinen Leistungsstand zu verschaffen. Darüber hinaus spricht der Klassenlehrer mit jedem Schüler über seine erledigten und die neuen Arbeitspläne. In diesen Gesprächen erfährt der Schüler, auf welcher Kompetenzstufe er sich befindet, und erhält Hinweise für seine weitere Arbeit.

Die Lernfortschritte werden durch Punkte auf den Kompetenzrastern festgehalten. Viele Themenbereiche schließen mit einem Test ab, den jeder Schüler einzeln zu dem Zeitpunkt schreibt, wenn er genügend darauf vorbereitet ist.

Die Schüler können ihr erworbenes Wissen auch über „Produkte" nachweisen. Solche Produkte können selbst gestaltete Mappen, kleine Vorführungen oder Präsentationen sein. Am Ende des Schuljahres werden Arbeitsergebnisse, die die Schüler selbst als besonders gelungen betrachten, im Portfolio abgeheftet. (Paradies/Wester/Greving 2010)

2. Dokumentation der Leistungsentwicklung in Kompetenzrastern oder Portfolios

Die verbalisierten Formen in der Leistungsrückmeldung erfordern einen hohen Zeitaufwand, wenn sie sorgfältig und individuell erstellt werden. Auch deshalb sind Schulen auf der Suche nach Instrumenten, die sowohl die individuelle Lernentwicklung als auch den aktuellen Lernstand in Bezug auf die im Curriculum ausgewiesenen Ziele übersichtlich darstellen lassen.

Die *Kompetenzraster* bieten diese Möglichkeit. Durch die für alle Schüler eines Jahrgangs oder eines Bildungsabschnitts gleiche Grundstruktur der Kompetenzraster lässt sich eine Einordnung im Gefüge einer Lerngruppe auch schneller ermitteln als z. B. in einem Lernentwicklungsbericht.

Kompetenzraster gibt es in unterschiedlichen Varianten und Funktionen. Für die Leistungsrückmeldung werden entweder auf dem Kompetenzraster Markierungen vorgenommen, die in einem Kompetenzbereich die Ausgangssituation, das für einen bestimmten Zeitraum vereinbarte Ziel und den aktuellen Stand in den Leistungsnachweisen beschreiben.

Oder die im Curriculum der Schule vereinbarten Kompetenzen werden, dem Unterricht angepasst, näher aufgeschlüsselt. Die Qualität, in der die Ziele erreicht wurden, ist auf einer abgestuften Skala abzulesen. Am häufigsten wird der Grad der Sicherheit (sicher – unsicher) gewählt, mit der eine Kompetenzanforderung bewältigt wird. Oder der Umfang (voll erreicht – nicht erreicht) wird zur Differenzierung herangezogen. Noch selten zu finden sind qualitative Unterscheidungen z. B. nach dem Grad der Selbstständigkeit, mit der die Aufgaben aus dem Kompetenzfeld bewältigt werden, oder nach der Kompetenzstufe.

Beispiel Kompetenzraster aus einem Lernentwicklungsbericht für das Fach Mathematik, Jahrgang 5				
	sicher	überwiegend sicher	teilweise sicher	unsicher
Du kannst statistische Daten erheben, darstellen und auswerten.				
Du kannst Größen umwandeln und mit ihnen rechnen.				
Du kannst selbstständig eine Verpackung herstellen und präsentieren.				

Alternativen für die Abstufungen in der Kopfzeile:

Mit genauer Vorgabe oder nach Vormachen	Mit Unterstützung bei der Planung und Einteilung	Selbst organisiert/selbst gesteuert	Eigenständig inkl. der Aufgabenstellung

Du hast das nötige Fachwissen.	Du kannst das Wissen anwenden.	Du kannst die einzelnen Schritte planen und den Nutzen einschätzen.	Du kannst den anderen Schülerinnen und Schülern helfen.

Schulen nutzen die Kompetenzraster, die hier eher als Beurteilungs- oder Bewertungsraster fungieren, für die Einzeldarstellung fachlicher oder überfachlicher Kompetenzen. Zurzeit sind die Kompetenzraster in der Regel in einen Lernentwicklungsbericht oder ein traditionelles Zeugnis eingebunden, weil erst in wenigen Schulen für alle Fächer Kompetenzraster erstellt sind. Sie können auch Teil eines Portfolios sein.

Das Institut Beatenberg in der Schweiz zeigt auf seiner Website verschiedene Kompetenzraster (zu vielen Fächern oder zur Lernkompetenz) und liefert Erläuterungen dazu.

www.institut-beatenberg.ch

Welche praktischen Folgen ergeben sich für Ihren Unterricht?
Ziel von Kompetenzrastern ist die Stärkung der *Selbststeuerung* des Lernens durch die Schülerinnen und Schüler. Ein Kompetenzraster ist eine Folie, in der die Einzelkompetenzen mit Aufgaben unterlegt sind. Nur in Kombination mit den Aufgaben können Schüler und vor allem Eltern die Leistungen konkret erkennen, die erbracht sind, und eine Prognose entwickeln, die den Leistungsfortschritt beschreibt.

Deshalb empfehlen wir vor allem für Lehrer-Eltern-Gespräche: Wählen Sie typische Aufgaben aus, die das Kind bereits lösen kann, und solche Aufgaben, die es nur mit einer Erweiterung der Kompetenzen lösen wird, um anschaulich zu machen, wohin der Weg führen soll.

Portfolio

Als Portfolios werden im Bildungsbereich Zusammenstellungen von Dokumenten bezeichnet, die die *Lernbiografie* eines Individuums dokumentieren. Felix Winter bietet in einem „Schnellkurs-Portfolio" auf einer sehr informativen Homepage unter dem Stichwort „Material – Textbeiträge" eine Definition in sieben Sätzen an:

www.portfolio-schule.de

> *Ein Portfolio ist eine Sammlung von Dokumenten, die unter aktiver Beteiligung der Lernenden zustande gekommen ist und etwas über ihre Lernergebnisse und Lernprozesse aussagt.*
> *Den Kern eines Portfolios bilden jeweils ausgewählte Originalarbeiten.*
> *Zu ihren Arbeiten erstellen die Lernenden Reflexionen, die auch Teil des Portfolios werden.*
> *Für das Anlegen eines Portfolios werden in der Regel gemeinsam Ziele und Kriterien formuliert, an denen sich die Lernenden orientieren können, wenn sie für ihr Portfolio arbeiten und eine Auswahl von Dokumenten zusammenstellen.*

▶

Portfolios werden in einem geeigneten Rahmen präsentiert und von anderen Personen wahrgenommen (z. B. Mitschülerinnen und Mitschüler).
Anhand von Portfolios finden Gespräche über Lernen und Leistung statt.
Die in Portfolios dokumentierten Leistungen werden von der Lehrperson bewertet und kommentiert – in ähnlicher Weise machen das auch die Lernenden selbst."

Portfolios können für unterschiedliche Zwecke genutzt werden. WINTER unterscheidet in dem Schnellkurs zwischen einer Bildungsmappe, in der Leistungsnachweise für einen längeren Bildungsabschnitt gesammelt werden, und einem Kurs-Portfolio bzw. einem Portfolio im Einzelunterricht, in dem …

(…) die Arbeit und Entwicklung der Lernenden anhand ausgewählter Arbeiten dargestellt, reflektiert und bewertet wird. Dieses Portfolio ermöglicht ein offenes, dialogisches, stärker differenziertes, individualisiertes, förderorientiertes Arbeiten im Unterricht. Es dient der Ausbildung der Reflexion im unmittelbaren Lernzusammenhang. Der Unterricht muss daraufhin geplant und zugeschnitten sein.

E-Portfolios sind netzbasierte Sammelmappen

Eine neue Möglichkeit bietet das *E-Portfolio* (Elektronisches Portfolio) als digitale Form, das die neuen Medien zur Umsetzung des bewährten Konzeptes nutzt. Das E-Portfolio bietet die Möglichkeit, sich selbst sowie erbrachte Leistungen darzustellen. Dazu können unter anderem Medienformen wie der Blog und die Profilseite verwendet werden.

Zentrales Anliegen der Portfolioarbeit in allen Varianten ist die Leistungsorientierung. Es ist wichtig, Leistungen in verschiedenen Foren regelmäßig öffentlich zu präsentieren, damit sie angemessen wahrgenommen werden können und über die Rückmeldungen eine Basis für die Reflexion und Selbsteinschätzung gefunden werden kann. Darin unterscheidet sich das Portfoliokonzept auch deutlich von der Nutzung der Kompetenzraster in der Leistungsbewertung, die eher auf die kognitiven Kompetenzen, an Bildungsplänen orientiert, fokussiert sind.

3. Zusammenfassende Rückmeldungen in Lernentwicklungsberichten
In Noten lassen sich individuelle Kompetenzentwicklungen nicht angemessen darstellen. Deshalb sind vor allem Gesamtschulen, die die Heterogenität ihrer Schülerinnen und Schüler ja geradezu suchen, und Grundschulen schon lange auf eine andere Form der Rückmeldung ausgewichen, den

Lernentwicklungsbericht, auch „Gutachtenzeugnis" genannt. In ihm finden sich besser als in den Notenzeugnissen Anknüpfungspunkte zur Beantwortung der Frage, wie die Lernentwicklung angesichts der individuellen Lernvoraussetzungen (Individualnorm) zu bewerten und zu optimieren ist. Fachliche Anforderungen (Sachnorm, Standards) bilden den Orientierungsrahmen zur Verortung, der Leistungsstand der Lerngruppe (Sozialnorm) kann für die realistische Einschätzung eine wichtige Hilfe bieten.

Die IGS Lengede hat auf ihrer Homepage ausführlich beschrieben, was sie unter einem Lernentwicklungsbericht versteht.

www.igs-lengede.de

Die das Ziffernzeugnis ersetzenden Lernentwicklungsberichte beinhalten – neben einem das Sozialverhalten, die Stärken sowie Bemerkungen umfassenden Deckblatt – alle Fächer im Umfang von jeweils einer Seite. Auf jeder Seite sind im Durchschnitt 10 fachspezifische Kompetenzen ausgewiesen. Zu jeder Kompetenz ist angegeben, in welchem Ausmaß diese bei der einzelnen Schülerin bzw. bei dem einzelnen Schüler vorhanden ist. Hinzu kommen pro Fach 2 bis 4 Kompetenzen zur Mitarbeit und zum Verhalten im Unterricht sowie in den Fächern Deutsch, Englisch, Mathematik, Naturwissenschaften und Gesellschaftslehre Bewertungen zum Eigenverantwortlichen Lernen.
Auf jedem Kompetenzblatt wird bis einschl. Jahrgang 8 halbjährlich der Lernstand des Kindes bzw. des Jugendlichen dargestellt. Zum einen werden dadurch Stärken und Entwicklungspotenziale für Schüler, Eltern und Lehrkräfte transparent. Der Lernentwicklungsbericht stellt somit eine Grundlage zur Förderung der Schülerin bzw. des Schülers dar. Zum anderen wird die Kompetenzentwicklung über einen Zeitraum von 4 Jahren sichtbar.
Die formulierten Kompetenzen basieren auf den seit 2003/2004 bundesweit gültigen Bildungsstandards und den zwischen 2006 und 2011 veröffentlichten im Land Niedersachsen gültigen Kerncurricula. Wir haben die Kompetenzen - soweit möglich – so formuliert, dass sie zum einen fachlich korrekt, zum anderen aber auch für Schüler und Eltern verständlich sind.

(www.igs-lengede.de/news-48/items/lernentwicklungsberichte-veroeffentlicht.html?page=2, aufgerufen am 25.9.2011)

Die zweite Beispielschule, die IGS Delmenhorst, nutzt das Portfolio noch in einem weiteren Entwicklungsprojekt:

www.igs-delmenhorst.de

Statt Noten erhalten bei uns die Schülerinnen und Schüler bis einschließlich Jahrgang 8 Aufzeichnungen über die individuelle Entwicklung, die wir Lernentwicklungsberichte nennen. Jeweils zum Halbjahr erhalten die

Schülerinnen einen Bericht, in dem ihr Arbeits- und Sozialverhalten sowie ihre allgemeine Lernentwicklung beschrieben werden.

Die Beschreibung der Leistungen in den einzelnen Fächern ergibt sich aus einem Portfolio, das aus den schriftlichen Beurteilungen mehrerer Lernkontrollen besteht und Schülern/Schülerinnen und Eltern zugänglich gemacht wird. Am Ende des Schuljahres erhalten die Schüler/-innen neben dem Bericht über die allgemeine Lernentwicklung auch Zusammenfassungen über die Leistungsstände in den einzelnen Fächern. Zum Schulhalbjahr und am Ende des Schuljahres nehmen die Schüler/-innen schriftlich Stellung zu ihrem Lernentwicklungsbericht. Diese Stellungnahme dient neben dem Lernentwicklungsbericht als Grundlage für die Gespräche an den Elternsprechtagen.

Unsere Lernentwicklungsberichte wenden sich vorrangig an die Schüler/-innen. Sie beschreiben den individuellen Lernfortschritt, berücksichtigen die Lern- und Lebenssituation des Kindes und zeigen Wege auf, wie eventuelle Lerndefizite behoben werden könnten.

(http://www.igs-delmenhorst.de/48.0.html, aufgerufen am 25.9.2011)

In den Lernentwicklungsberichten bildet sich in der Regel das jeweilige *Lernkonzept der Schule* ab. Die Schulung von Lernkompetenzen, der Erwerb der fachlichen Basiskompetenzen im Lernbüro, die Arbeit in der Werkstatt oder im Projekt werden beschrieben und mit Blick auf zukünftige Anforderungen bewertet. Die Formen können dabei variieren. Verbalberichte, häufig in Form und Sprache eines Briefes formuliert, sind in den Gesamtschulen entwickelt und schon lange praktisch erprobt. Zunehmend versuchen Schulen, weniger Zeit fordernde Formen zu entwickeln, z. B. durch eine Kombination von Kommentierungen und der Nutzung von Rastern.

www.sz-ronzelen.de

Im Internet finden Sie mit dem Suchwort „Lernentwicklungsbericht" bei Suchmaschinen etliche Muster, meist von Grund- oder Integrierten Gesamtschulen. Auf den folgenden Seiten haben wir ein Beispiel unverändert abgedruckt, das uns die Oberschule Ronzelenstraße aus Bremen freundlicherweise zur Verfügung gestellt hat.

Freie
Hansestadt
Bremen

Lernentwicklungsbericht

Name
geboren am   Jahrgangsstufe 6

1. Informationen über das Arbeits- und Sozialverhalten

	Erfüllt die Anforderungen zum geringen Teil	Erfüllt die Anforderungen überwiegend	Erfüllt die Anforderungen voll	Erfüllt die Anforderungen außergewöhnlich gut
Zuverlässigkeit Pünktlichkeit, termingerechte Aufgabenerledigung, Verlässlichkeit bei der Aufgabenplanung und Umsetzung während der Studienzeit, Verlässlichkeit bei den Arbeitsmitteln			X	
Sorgfalt Sorgfalt im Umgang mit eigenen und nicht eigenen Dingen, Sorgfalt in der äußeren Erscheinung der Arbeitsergebnisse, eine arbeitsunterstützende Umgebung		X		
Leistungs- und Lernbereitschaft Mitarbeit, Ausdauer, Konzentration, Anstrengungsbereitschaft			X	
Selbständigkeit selbständige Lernplanung mit dem Schulplaner, selbständige Bearbeitung von Aufgaben, selbständige Kontrolle von Arbeitsergebnissen				X
Kooperationsfähigkeit Fähigkeit zur Zusammenarbeit in der Gruppe oder mit Partnern, verantwortliche Übernahme von Aufgaben, Anderen zuhören können, auf Andere eingehen können			X	
Soziales Verhalten respektvoller Umgang mit Anderen, Übernahme von Verantwortung für das eigene Handeln, Beachten von Vereinbarungen und Regeln, Bereitschaft zur Auseinandersetzung, Äußern von Gefühlen und Befindlichkeiten, Hilfsbereitschaft			X	

Ergänzende Informationen:

Du hast die wöchentlichen Klassendienste-Wechsel völlig selbstständig und zuverlässig organisiert.

2. Kompetenzentwicklung
2.1 gemäß der schuleigenen Kompetenzraster, Entwicklungsstufe A (Jhg. 5/6)

Deutsch	1.1	1.2	1.3	2.1	2.2	2.3
Lesekompetenz	☑	☑	☐	☑	☐	☐
Literatur, ...	☑	☑	☑	☐	☐	☐
Sprechen, Gespräch	☑	☑	☐	☑	☑	☐
Rechtschreibung	☑	☑	☐	☐		
Grammatik	☑	☐	☐			

Du hast nur 5 Checklistentests geschrieben aber alle beim ersten Versuch mit erfreulichen Ergebnissen bestanden. Deine Schrift ist meist leserlich und sauber. In der Rechtschreibung zeigst du noch Unsicherheit. Du kannst eingeführte grammatische Strukturen erkennen, mit Fachbegriffen beschreiben und sie zielgerichtet einsetzen. Du hast noch keine Checkliste „Literatur" fertig bearbeitet.

Mathematik	1.1	1.2	2.1	2.2	2.3
Arithmetik/Algebra					
- Zahlen	⊙	☑			
- Algorithmen	★	☑	☑	★	☑
- Größen	⊙	⊙	☑	☑	
Fkt. Zusammenhang	⊙				
Geometrie	☑	☑	☑	☑	☑
Stochastik	⊙	☑			

Du hast zu 13 Checklisten den Grund - und zu 3 auch den Erweiterungstest geschrieben und diese immer beim ersten Versuch und dann auch mit guten Ergebnissen bestanden. Du hast deutlich mehr Tests als im vergangenen Schuljahr geschafft. Das ist ein tolles Ergebnis. Mach weiter so!

Englisch	1.1	1.2	1.3	2.1	2.2	2.3		
Verstehen: Hören	⊙ ⊙ ⊙ ☑	-	-	☑ ☑	-	☑		
Verstehen: Lesen	⊙ ⊙ ⊙ ☑	-	-	☑ ☑	-	☐		
Sprechen	⊙ ⊙	☑		☑	---			
Schreiben	⊙	☑	☑	☑	---			
Sprache im Fokus	⊙ ⊙ ☑ ☑	☑ ☑	☐ ☐					
Wortschatz	⊙ ⊙ ⊙ ☑ ☑	-	-	☑ ☑ ☐	-	☐		
Arbeitstechniken	⊙ ⊙ ⊙ ☑ ☑	☑ ☑ ☑ ☑		☑				
Landeskunde	⊙ ⊙ ⊙ ⊙ ☑ ☑			☑				

Die 7 Checklistentests hast du alle beim ersten Versuch mit erfreulichen Ergebnissen bestanden. Du beteiligst dich häufig und motiviert im Englischunterricht. Deine Beiträge tragen zum Unterricht bei. Du liest englische Texte meist flüssig und ohne Probleme. Dein Beitrag zum Theaterprojekt „Fenimore Castle" hat sehr zu einem positiven Produkt beigetragen. Du erreichst gute Ergebnisse in deinen Vokabeltests und kannst die Wörter sicher anwenden.

2.2 Wahlpflichtkurs

Spanisch	1.1	1.2	1.3
Hören und Sprechen	☑	☐	
Lesen und Schreiben	☑	☐	
Grammatik	☑	☐	
Wortschatz	☑	☑	

Du hast die Tests mit erfreulichem Ergebnis bestanden. Du beteiligst dich sehr oft und engagiert im Unterricht. Deine Beiträge sind wertvoll und du bist ein sprachliches Vorbild für deine Mitschüler. Du kennst die Tücken der Aussprache, beachtest sie und betonst ohne Probleme richtig. Du hast deine Portfolioaufgabe erfolgreich bearbeitet und präsentiert. Du erreichst gute Ergebnisse in deinen Vokabeltests und kannst die Wörter sicher anwenden.

Zeichenerklärung:
⊙ Vorher erreicht   ☑ In diesem Schuljahr erreicht   ★ Auf einem erweiterten Niveau erreicht   ☐ Bereits begonnen

3. Projektunterricht

(Hier sind die Fächer Deutsch, Mathematik, Gesellschaft und Politik (GuP), Naturwissenschaften (NW), Biblische Geschichte (BG) und die jeweiligen Aufgabengebiete und Kompetenzen fächerübergreifend mit unterschiedlichen Schwerpunkten vertreten. In Klammern sind die jeweiligen Schwerpunktfächer angegeben.)

	Erfüllt die Anforderungen zum geringen Teil	Erfüllt die Anforderungen überwiegend	Erfüllt die Anforderungen voll	Erfüllt die Anforderungen außergewöhnlich gut	
Wir sind Kinder einer Welt (GuP, BG, Deutsch, Mathe)			X		Du hast zu den Lebensbedingungen von Kindern in „USA Kalifornien" genügend passende Informationen überwiegend selbstständig zusammengetragen. Euer Produkt (Plakat & Dia-Folge) war eine angemessene Vortragsunterstützung. Deinen Vortrag hast du fast frei und fachlich überwiegend richtig gehalten. Du hast dich zu wenig konstruktiv an der Teamarbeit beteiligt. Du hast dich auch noch nicht ernsthaft genug für die Lösung deiner individuellen Lernaufgaben in den Gruppenpuzzles „Kinder in der Welt" und beim Thema „Zeit und Zeitzonen" engagiert.
Wir und unsere Umwelt – Nutzung und Gestaltung der Umwelt (GuP, NW, Deutsch)		X			Zu den vorgegebenen Kategorien wie z.B. „Entstehung", „Lebensbedingungen" und „Naturgewalten" hast du mit deiner Gruppe zum Naturraum „Ruhrgebiet" recherchiert. Bei der Herstellung des Produktes warst du einfallsreich. Deine Präsentation hast inhaltlich interessant gestaltet und fast frei gesprochen. Du kannst im Team zusammen arbeiten.
Energie: Sonne, Wasser, Elektrizität (NW, Mathe, Deutsch)			X		Die physikalischen Inhalte zu elektrischen Stromkreisen und zur elektrischen Energie hast du dir für ein einfaches Grundverständnis erarbeiten können. Das fachgerechte Protokollieren physikalischer Experimente und das Auswerten von Messdaten gelingt dir bisher nur in Ansätzen. Dein Beitrag zur Gruppenarbeit „Energie aus Wind" war fachlich ausgezeichnet und sehr gut präsentiert.
Erwachsen werden (NW, Deutsch, GuP, BG)			X		Du hast z.B. zu den Themen Selbstwahrnehmung, Personenbeschreibung, Streiten - aber richtig, Pubertät, Schwangerschaft und Geburt meist interessiert gearbeitet und teils den Unterricht durch angemessene Beiträge bereichert. Du kannst konstruktiv im Team zusammen arbeiten. Bei der Herstellung deines Plakates und der Moderation der Präsentation warst du einfallsreich. Deinen Vortrag hast du frei, interessant gestaltet und inhaltlich angemessen gehalten.
Literatur (Deutsch)			X		Kenntnisse zu den drei Hauptgattungen der Literatur sowie einzelnen Literaturformen hast du dir ausdauernd und zielgerichtet erarbeitet. Dabei warst du kreativ. Bei der Herstellung des Produktes warst du sorgfältig und ideenreich. Du hast den Inhalt angemessen wiedergegeben. Deinen Vortrag hast du weitgehend frei gehalten und publikumsbezogen gestaltet. Die sprachliche Gestaltung war angemessen. Du kannst konstruktiv im Team arbeiten. Du arbeitest interessiert und aufmerksam mit und bereicherst den Unterricht durch angemessene Beiträge.

4.5 Kompetenzentwicklung beschreiben

4. Sport

	Erfüllt die Anforderungen zum geringen Teil	Erfüllt die Anforderungen überwiegend	Erfüllt die Anforderungen voll	Erfüllt die Anforderungen außergewöhnlich gut	
Regelgerechtes Verhalten				X	Akrobatikeineit mit hervorragendem Ergebnis
Einsatzbereitschaft			X		
Ballsportarten			X		
Allgemeiner Sport			X		

5. Kurse
Du hast im Schuljahr folgende Kurse besucht:

WAT Küche					WAT Werken				WAT Textil			
						X					X	
Du hast am Kurs teilgenommen.												
Kunst					**Musik**							
			X				X					

Du hast 5 Tage des Schuljahres gefehlt, davon 0 unentschuldigt.

Du wirst in die Jahrgangsstufe **7** versetzt.

Bremen, den 06.07. 2011
Im Auftrag

_____
Klassenleitung

Anregungen zur Diskussion
- Erstellen Sie gemeinsam mit Fachkollegen Kompetenzraster für Ihr Fach.
- Überlegen Sie, wie aus Ihrer Sicht ein Lernentwicklungsbericht aufgebaut sein sollte, sodass sich die Arbeit in Grenzen hält, aber trotzdem eine individuelle Bewertung erfolgen kann.
- Klären Sie in einem Brainstorming, was zu einem gut bestückten Portfolio gehören kann und was dort nicht hineinpasst.

> **Kopiervorlagen**
> passend zu 4.5 finden Sie auf Seite 157–162

4.6 Formen schriftlicher Leistungsrückmeldung nutzen

> Die Einleitung ist dir gut gelungen, Hauptteil und Schluss fallen im Vergleich dazu etwas ab; insgesamt 3

> Vielleicht solltest du dich das nächste Mal doch vorbereiten. So wird das nichts!

> Volltreffer!!! 1

> Toller Aufsatz, Thema verfehlt 5

> Über deine Arbeit habe ich mich richtig gefreut. Da ist doch ein Fortschritt erkennbar. Vor allem die Fehlerzahl hat sich deutlich reduziert. Offensichtlich hast du deinen Text am Ende noch mal kontrolliert. Immerhin voll 4

In vielen Schulen findet ein erheblicher Teil der schriftlichen Rückmeldungen bei Klassenarbeiten auch heute noch in der oben gezeigten Form statt. Gemeinsam ist den Beispielen, dass in ihnen kaum oder gar nicht diagnostisches und auf Fördern ausgerichtetes Handeln zu erkennen ist. Es gibt eine deutliche Aussage zu der Bewertung, aber kaum Hinweise, auf welche konkreten Leistungen oder Fehler die Bewertung zurückzuführen ist.

In der Schule sollen Schüler zu einer realistischen Selbsteinschätzung kommen können. Erste Voraussetzung dafür ist, zwei Orientierungspunkte

voneinander zu trennen. Als Erstes gilt es, die Leistungen auf vorher benannte und *klar abgrenzbare Kriterien* zu beziehen, u. U. im Vergleich mit den Leistungen anderer Schüler. Zum Zweiten wird die Leistung in dem *Kontext der individuellen Leistungsentwicklung* eingeordnet.
Kommentierungen bzw. Erläuterungen der Noten müssen sich nicht auf Klassenarbeiten beschränken. Sie könnten z. B. in Anlagen zu den Zeugnissen Aussagen zu den Kompetenzen oder zu individuellen Leistungszuwächsen machen.

**Beispiel für die Anlage zu einem Zeugnis aus einer 6. Klasse
für das Fach Mathematik:**

Liebe Anna,
allein und im Team hast du überwiegend konzentriert nach Lösungen für die gestellten Aufgaben gesucht. Dabei ist es dir teilweise noch schwergefallen, Lösungswege zu erklären und zu begründen.
Ergebnisse deiner Arbeit hast du vor der Klasse schon recht sicher präsentiert.
Die Inhalte aus den Textaufgaben hast du verstanden und konntest sie überwiegend in eine mathematische Aufgabe übertragen.
Aus der folgenden Aufstellung kannst du nun entnehmen, wie du mit den Inhalten der Unterrichtseinheiten zurechtgekommen bist.

Inhaltsbezogene Kompetenzen folgender Unterrichtseinheiten	Erreicht	Überwiegend erreicht	Teilweise erreicht	Nicht erreicht
Körper und Winkel	Längen messen, Körper benennen, Körper beschreiben, Winkel benennen	Netze und Schrägbilder zeichnen, Winkel messen	Winkel zeichnen	
Was kostet das Leben?		Verwenden von Größen in Sachzusammenhängen, Größen umwandeln, runden, Überschlagsrechnen, Grundrechenarten		

▶

Spiegelung (Projekt)		Achsensymmetrische Figuren in der Umwelt erkennen, mit dem Geodreieck umgehen beim Einzeichnen von Symmetrieachsen bzw. beim Spiegeln			
Brüche und Wahrscheinlichkeit	Zufallsexperimente durchführen	erweitern, kürzen, addieren, subtrahieren	Brüche vergleichen und ordnen	Anteile von Größen bestimmen	
Werkstatt			Kopfrechnen, Vielfache, Teiler, Teilbarkeitsregeln, Rechengesetze	Schriftliche Grundrechenarten	

Anregungen zur Diskussion

Zu dieser Thematik liegen sicher so viele Erfahrungen aus der individuellen Praxis vor, dass Sie darauf zurückgreifen sollten. Deshalb der folgende Vorschlag:
1. Tauschen Sie sich über Ihre Erfahrungen aus.
2. Werten Sie diese aus und versuchen Sie, zu einer gemeinsamen Empfehlung zu schriftlichen Rückmeldungen zu kommen, die für andere Kolleginnen und Kollegen hilfreich sind und die Praxis der Schule insgesamt befördern könnten.

> **Kopiervorlagen**
> passend zu 4.6 finden Sie auf Seite 59, 65, 163–167

4.7 Ein neues Konzept der Leistungsbewertung anwenden

Lernen ist immer eine individuelle Leistung, auch wenn sie in der Lernumgebung einer Klasse bzw. eines Kurses organisiert ist. Die Kompetenzen, die sich in dem Lernprozess entwickeln, sind abhängig von den individuellen Ausgangsvoraussetzungen und werden immer auf unterschiedlichem Niveau angesiedelt sein.

Dazu kommen die methodischen Kompetenzen. Diese können fachlich eingebunden und im Fachunterricht kontrollierbar sein. Sie sind aber auch in großen Teilen überfachlich und nicht immer in der Schule entwickelt, wie an der Kompetenz „Textverstehen" leicht zu zeigen ist. Kinder aus Familien, in denen Zeitungen und Bücher zum Alltag gehören, werden in der Regel schneller mit den schulischen Anforderungen im Umgang mit Texten zurechtkommen als Kinder aus Familien, in denen das Fernsehen den Tag zu Hause bestimmt.

Worum geht es?

Pragmatisch betrachtet geht es um die Frage, ob die vorhandenen *Instrumente* der Leistungserfassung und -bewertung in der Lage sind, den Stand der einzelnen Schülerleistung im Verhältnis zu den Leistungserwartungen in den Bildungsplänen zu beschreiben, die als Kompetenzziele formuliert sind.

Lehrpersonen werden also in Zukunft zwei wichtige Aufgaben zu lösen haben. Erstens, relativ abstrakte Kompetenzvorgaben oder Niveaustufen in sinnvolle Lernaufgaben zu übersetzen, und zweitens, heterogene und individuell geprägte Lernerleistungen zu standardisierten Kompetenzbeschreibungen in Bezug zu setzen. (KELLER, STEFAN: Beurteilungsraster und Kompetenzmodelle; in: SACHER/WINTER 2011, 153)

Konkret in der Praxis ergeben sich daraus eine Reihe von Entwicklungsaufgaben und offenen Fragen. Zuerst ist zu bedenken, dass der Begriff Kompetenz nicht unbedingt eindeutig verwendet wird. Das macht es notwendig, dass Sie sich im Kollegium darüber verständigen, was Sie genau darunter verstehen. In den allgemeinbildenden Schulen ist der Rückgriff auf die von WEINERT gelieferte Definition breit akzeptiert.

Kompetenzen sind die bei Individuen verfügbaren oder von ihnen erlernbaren kognitiven Fähigkeiten und Fertigkeiten, bestimmte Probleme zu lösen sowie die damit verbundenen motivationalen, volitionalen und sozialen Bereitschaften und Fähigkeiten, die Problemlösungen in variablen Situationen erfolgreich und verantwortungsvoll zu nutzen. Kompetenz ist eine Disposition, die Personen befähigt, bestimmte Arten von Problemen erfolgreich zu lösen, also konkrete Anforderungssituationen eines bestimmten Typs zu bewältigen. Die individuelle Ausprägung der Kompetenz wird von verschiedenen Facetten bestimmt: Fähigkeiten, Wissen, Verstehen, Können, Handeln, Erfahrung, Motivation. (WEINERT 2001, 27)

Die zweite Frage ist, ob die in der Definition angesprochenen Elemente einer Kompetenz auch tatsächlich im Unterricht erworben werden können.

Das wäre zumindest die Voraussetzung für die Aufnahme in die Leistungsbewertung. Sie sollten also untersuchen, am besten im Team, wie in der Schule die Anforderung tatsächlich umgesetzt wird, in welchen Arrangements Kompetenzen erworben werden und mit welchen thematischen Schwerpunkten das in den einzelnen Fächern geschieht.

Anschließend klären Sie, in welchem Grade fachübergreifende Kompetenzen, also Lernkompetenzen, eine Bedeutung bekommen und ob diese mit der Leitvorstellung selbst gesteuerten Lernens verbunden wird. Instrumente, dies zu erfassen, sind in Ansätzen entwickelt, z. B. im schweizerischen Institut Beatenberg mit den sogenannten *Anschlusskompetenzen* (nachzulesen unter: http://www.institut-beatenberg.ch/xs_daten/Materialien/anschluss_kompetenzraster.pdf.). Wir stellen auf S. 130/131 ein Beispiel für ein Kompetenzraster „Arbeits- und Sozialkompetenz" vor, das in vier Niveaustufen eingeteilt ist.

www.institut-beatenberg.ch

Als dritte Frage ist zu klären, ob alle Elemente einer Kompetenz auch tatsächlich *überprüft* werden sollen und, wenn ja, wie Sie das realisieren können. Insbesondere die motivationalen und volitionalen Elemente im Umgang mit Anforderungen sind durch Prüfungen wie etwa Klassenarbeiten in der herkömmlichen Art nicht zu erfassen.

Es geht hier also um ein in Teilen neues und sehr komplexes Arbeitsfeld. Nicht nur, dass die Leistungsbewertung ohnehin ein umfassendes Gebiet ist, das damit verbundene Lernkonzept fordert gleichermaßen Prozessorientierung, Transparenz der Kriterien, Differenzierung der Niveaustufen und Schülerbeteiligung in der Messung und Bewertung. Wie können Sie damit umgehen, ohne unterzugehen?

Diese Herausforderung kann nicht von einzelnen Lehrkräften „gestemmt" werden. Hier ist effektive *Teamarbeit* gefragt.

Machen Sie sich klar, dass in der Schule nicht alles gemessen werden muss, was gelernt werden kann. Das heißt, dass sich spätestens in der Leistungsbewertung die Frage stellt, was für den angestrebten Bildungsabschluss und die individuellen Ziele der Schülerinnen und Schüler so bedeutsam ist, dass ein messbarer Nachweis von Leistungen erfolgen *muss*.

Versuchen Sie, die Leistungsbewertung stärker als einen integrativen Teil eines individualisierenden Lehr-Lern-Konzeptes zu sehen. Hilfreich ist dabei, dass Instrumente wie Kompetenzraster oder Lernlandkarten Voraussetzungen bieten, um kleine Lernabschnitte z. B. durch Tests zu überprüfen und dann in einen Referenzrahmen einzuordnen. Diese Übersicht können Sie für die Steuerung des Lernens nutzen. Achten Sie aber darauf, dass dies nicht zu einem engschrittigen Kontrollverfahren wird.

Kompetenzraster Arbeits- und Sozialkompetenz

	Selbststeuerung	Zusammenarbeit mit anderen	Fantasie/ Kreativität	Einsatz/ Engagement	Ergebnisqualität
Stufe 1	Ich kann einfache Aufgaben erledigen, wenn sie mir klar sind. Ich bin aber z. T. auf Anleitungen und Hilfen angewiesen.	Ich kann anderen helfen und mich für sie einsetzen, wenn es nötig ist. Ich kann andere Meinungen und die Bedürfnisse anderer akzeptieren, wenn sie mir erklärt werden.	Ich kann auch alternative Lösungen finden, wenn mir jemand sagt, wie ich arbeiten soll.	Ich kann mich zwingen, eine Aufgabe zu erledigen, wenn eine Konsequenz droht oder eine Belohnung wartet.	Ich kann für kurze Zeit sauber und korrekt arbeiten, wenn jemand mich immer wieder daran erinnert und meine Arbeit kontrolliert wird.
Stufe 2	Ich kann selbstständig Aufgaben planen und erledigen, wenn ich genau weiß, was ich zu tun habe und bei Bedarf unterstützt werde. Ich kann im Lerntagebuch eintragen, wie und was ich gelernt habe.	Ich kann mit anderen gut zusammenarbeiten. Ich halte mich aber eher zurück, wenn ich unsicher bin, und überlasse anderen die Führung.	Ich kann Alternativen für meine Arbeitsweise finden, wenn ich Zeit genug und Anregungen von außen habe. Ich wende verschiedene Methoden an, wenn mich jemand dazu anregt.	Ich kann mich auch länger mit Aufgaben befassen, wenn sie mich interessieren. Das klappt manchmal auch, ohne dass ich Druck verspüre.	Ich kann mich in eine Aufgabe vertiefen, wenn ich mal angefangen habe. Ich kann auch Verbesserungen vornehmen. Wenn etwas schiefgeht, brauche ich allerdings Ansporn.

Kompetenzraster Arbeits- und Sozialkompetenz

	Selbststeuerung	Zusammenarbeit mit anderen	Fantasie/ Kreativität	Einsatz/ Engagement	Ergebnisqualität
Stufe 3	Ich kann meine Arbeit organisieren, sinnvoll planen und durchführen. Ich kann erklären, warum ich wie an die Arbeit herangehe. Ich kann mir bewusst machen, warum ich mich wie verhalten habe.	Ich beteilige mich aktiv an der gemeinsamen Arbeit und setze mich für gemeinsame Lösungen ein, wenn ich merke, dass die anderen mich unterstützen. Ich kann die Meinungen der anderen akzeptieren und berücksichtigen.	Ich kann Ideen entwickeln, unterschiedliche Methoden anwenden und Anregungen von außen in meine Arbeit mit einbeziehen. Ich finde neue Lösungsansätze, wenn ich mal stecken bleibe.	Wenn ich mir einen Ruck gebe und mich darauf einlasse, kann ich Spaß an meinen Lernaktivitäten haben und mich über meine Leistungen freuen.	Ich stelle hohe Ansprüche an meine Leistungen und tue manchmal mehr, als verlangt wird. Ich kann produktiv arbeiten und werde pünktlich fertig, auch wenn Hindernisse zu überwinden sind.
Stufe 4	Ich kann selbst erkennen, was zu tun ist, und übernehme Verantwortung für komplexe Aufgaben. Ich kann sie strukturieren und planvoll zu Ende bringen. Über meine Vorgehensweise kann ich reflektieren und die Ergebnisse festhalten.	Ich kann gut mit anderen zusammenarbeiten und übernehme auch gern die Führungsrolle. Ich setze mich offen und konstruktiv mit den Meinungen der anderen auseinander. Ich übernehme Verantwortung für die Gruppe.	Ich verfüge über viele Methoden und Strategien, finde immer neue Wege, um zu effizienten und kreativen Lösungen zu kommen und dies in meine Arbeit zu integrieren.	Ich kann fast immer etwas entdecken, was mich motiviert. Ich schöpfe Freude aus meiner Arbeit und habe fast nie das Gefühl, unter Druck zu stehen. Leistung beflügelt mich und ich kann das zum Ausdruck bringen.	Ich bringe, was ich anfange, mit hohem Qualitätsanspruch zu Ende, auch wenn es nicht auf Anhieb gelingt. Ich setze mich mit den Ergebnissen auseinander, um die Qualität noch weiter zu verbessern.

(in Anlehnung an ein Kompetenzraster aus dem Theresianum Ingendohl in der Schweiz)

www.theresianum.ch

In diesem Kontext ist es möglich, den Blick auf die Leistungen in den Mittelpunkt zu stellen und nicht von jeder Einzelleistung auf die dahinter vermuteten Kompetenzen schließen zu müssen. Teilkompetenzen, Wissen und die Fähigkeit zur Anwendung in neuen Kontexten können relativ präzise erfasst und der Grad der Zielerreichung bzw. die Einstufung in ein fachgebundenes Kompetenzraster festgelegt werden.

Die Schritte zur Prozessorientierung und zur Stärkung der Selbsteinschätzung in den Lernprozessen bieten eine gute Voraussetzung, weil sie in dem Bewertungskonzept eine zentrale Rolle spielen. Bewertung und Leistungsrückmeldung müssen in einem engeren Zusammenhang gesehen werden. Dazu gehört auch die mündliche Rückmeldung. Die Schulbehörde in Hamburg hat die Konsequenzen schon umgesetzt und in einem Erlass regelmäßige Lernentwicklungsgespräche zwischen Lehrkräften, Eltern und Schülern vorgeschrieben:

Regelmäßige Lernentwicklungsgespräche in Hamburg

§ 7 Lernentwicklungsgespräche
(1) Lernentwicklungsgespräche beinhalten mindestens folgende Themen:
- die individuelle Lernentwicklung,
- den erreichten Lernstand in allen im jeweiligen Schuljahr unterrichteten Fächern und Lernbereichen,
- die überfachlichen Kompetenzen und
- die nächsten Lernschritte und -ziele der Schülerin oder des Schülers.
(2) Lernentwicklungsgespräche mit den Sorgeberechtigten sowie der Schülerin oder dem Schüler werden in jedem Halbjahr geführt. Von der Teilnahme der Schülerin oder des Schülers kann im Einvernehmen mit den Sorgeberechtigten in besonders begründeten Einzelfällen ganz oder teilweise abgesehen werden. Grundlage der Lernentwicklungsgespräche in der Jahrgangsstufe 1 ist ein mündlicher Bericht der Lehrkraft, der sich auf alle Angaben nach Absatz 1 erstreckt, in allen anderen Jahrgangsstufen das zuletzt erteilte Zeugnis.
(3) Die Ergebnisse der Lernentwicklungsgespräche, insbesondere Lern- und Fördervereinbarungen zu Absatz 1 Nummer 4 sowie die entsprechenden schulischen Maßnahmen, sind im Schülerbogen zu dokumentieren. Dies gilt in den Fällen des Absatzes 2 Satz 2 auch für die Gründe der Abwesenheit der Schülerin oder des Schülers. (HmbGVBl. Nr. 24 vom 9.7.2010, 451)

Anregungen zur Diskussion
1. Welche der oben genannten Elemente sind auch jetzt schon in Ihrem Schulalltag oder in einzelnen Entwicklungsprojekten zu erkennen? Wie erfolgreich sind sie?

2. In welchen praktikablen Formen können Kompetenzen bzw. ein Kompetenzzuwachs nachgewiesen werden?
3. Wie kann die Idee der Kompetenzstufen in die Bewertung übertragen werden?
4. Wie kann die Leistungsbewertung stärker mit der Leitidee der Individualisierung des Lernens verbunden werden? An welchen Punkten könnte ein Beginn Erfolg versprechend ansetzen?

4.8 Kopiervorlagen für den beruflichen Alltag

Auf den folgenden Seiten haben wir für Sie nützliche Kopiervorlagen zusammengestellt, die Sie aus dem Internet als pdf-Datei herunterladen können. Sie finden dazu eine Zahlenkombination jeweils unten auf der Buchseite. Geben Sie diese unter www.cornelsen.de/webcodes ein.

www.cornelsen.de/webcodes

Achten Sie bitte darauf, dass beim Ausdrucken bei Seitenanpassung „In Druckbereich einpassen" aktiviert ist, damit Sie eine DIN-A4-Seite bekommen. Eine alphabetische Auflistung aller Kopiervorlagen finden Sie auf S. 168/169.

Name: Klasse: Datum:

Bewertung deiner Geschichte

Die Geschichte:	P	U	N	K	T	E
Sie passt zum vorgegebenen Thema.						
Es ist eine verständliche und logische Geschichte.						
Sie ist interessant, spannend, lustig …						
Der Titel ist passend.						
Die Sprache und der Ausdruck:						
Der Satzbau ist korrekt.						
Der Satzbau ist abwechslungsreich.						
Du verfügst über einen reichen Wortschatz.						
Du vermeidest Wiederholungen.						
Du benutzt die direkte Rede (ohne zu übertreiben).						
Du benutzt treffende Adjektive, um das Geschehen, die Personen usw. zu beschreiben.						
Du wendest die Zeiten richtig an.						
Du vermeidest Rechtschreibfehler.						
Du beachtest die Satzzeichen (Punkt, Komma, Anführungszeichen …).						
Der Aufbau der Geschichte:						
Die Einleitung ist kurz, aber ausführlich.						
Der Hauptteil enthält einen Höhepunkt. Er ist ausführlich und lebhaft beschrieben.						
Der Schluss passt zur Geschichte.						
Die Präsentation:						
Deine Schrift ist ordentlich.						
Du hast deine Geschichte in mehrere Abschnitte eingeteilt. Sie sind sinngemäß eingeteilt.						
Summe:						

Klassenarbeit Klasse 10

Auswertung eines nichtlinearen Textes (Tabelle/Diagramm)

Aufgabe	Bewertungsfaktor	Punkte
1. Aufgabe: kurze Erläuterung, was die Tabelle/das Diagramm zeigt und welche Hintergründe sie/es hat.		
Genaue Erfassung des Themas	1	
Angemessene Untersuchung der Zusammenhänge	1	
Erfassen der Relevanz und Aktualität	2	
2. Aufgabe: Beschreibung des „Forschungsdesigns"		
Bestimmung der Urheberschaft	1	
Eingehen auf die Größe der Untersuchung	1	
Analyse der Befragungsweise	1	
Bestimmung des Zeitpunktes der Untersuchung	1	
Analyse der Frage- bzw. Aufgabenstrategie	1	
Was sagt die Tabelle/das Diagramm aus, was nicht?	2	
3. Aufgabe: genaue Beschreibung der Tabelle/des Diagramms		
Analyse der äußeren Form	1	
Untersuchung der grafischen, bildlichen, zeichnerischen Hilfsmittel	1	
Reflexion über Manipulationsmöglichkeiten durch den gewählten Maßstab	2	
4. Aufgabe: die eigentliche Interpretation der Zahlen		
Gewichtung der Aussagen nach Bedeutung	3	
Ordnung in größere (Sinn-)Abschnitte	2	
Bestimmung und Analyse von Auffälligkeiten	2	
Auswertung der Tabelle/des Diagramms nach den gerade beschriebenen Vorarbeiten: Zusammenfassung, wichtigste/auffälligste Ergebnisse	4	
5. Aufgabe: Erörterung der Ursachen für die Entwicklungen, die durch die Zahlen ausgedrückt werden		
Erörterung der Frage: Welche (geschichtlichen, gesellschaftlichen, naturwissenschaftlichen) Ereignisse könnten für das gesamte Zahlenwerk, aber auch für die auffälligen Besonderheiten verantwortlich sein?	3	
Erörterung möglicher Ursachen	2	
Beurteilung dieser Ereignisse/Ursachen	2	
Konsequenzen für die Zukunft	2	
	Punkte:	
	Note:	

Klassenarbeit Klasse 10

Bewertungsbogen: Erörterung

Aufgabe	Bewertungsfaktor	Punkte
Einleitung		
Das zentrale Problem der Erörterung ist in der Einleitung deutlich benannt bzw. aus dem Text gelöst.	2	
Das Problem wird in allen Dimensionen erläutert und unklare Begriffe werden definiert.	1	
Die gegenwärtige Bedeutung des Problems wird klar herausgearbeitet.	1	
Die persönliche Bedeutung für den Verfasser wird beschrieben.	1	
Hauptteil		
Die Thesen und Gegenthesen sind deutlich und verständlich formuliert.	2	
Das Problem wird aus unterschiedlicher Sicht dargestellt.	1	
Die Gewichtung der einzelnen Pro- und Kontra-Argumente ist klar ersichtlich.	2	
Die Argumentation ist in sich schlüssig.	1	
Die Gegensätzlichkeit der Argumente wird deutlich.	1	
Die einzelnen Pro- und Kontra-Argumente enthalten jeweils: eine These, deren Begründung und Vertiefung/Beleg durch Beispiele.	3	
Zur Vorbereitung der eigenen Stellungnahme werden diese Argumente sorgfältig gegeneinander abgewogen.		
Ein eigener Standpunkt wird eindeutig formuliert.	1	
Dieser Standpunkt ist nachvollziehbar aus der Pro-und-Kontra-Argumentation entwickelt.	3	
Schlussteil		
Die Resultate der eigenen Auseinandersetzung mit dem Problem werden deutlich auf den Punkt gebracht.	2	
Die Argumentation des Hauptteils wird nicht wiederholt.	1	
Gedanken aus der Einleitung werden wieder aufgegriffen.	1	
Über die eigene Stellungnahme hinaus wird ein öffnender Ausblick gegeben.		
Äußere Form		
Die äußere Textgliederung (Absätze, Leerzeilen, evtl. Nummerierung) entspricht dem Argumentationsgang.	1	
Die Sprache und Ausdrucksweise ist der Sache angemessen.		
Keine Rechtschreib-, Zeichensetzungs- und Grammatikfehler.		

Punkte:

Note:

Klassenarbeit Klasse 9

Checkliste: Brief über einen Roman

Zweck des Briefs: Ihr sollt einen Brief an einen guten Freund oder eine gute Freundin schreiben und darin eure Meinung über den Roman äußern und die Lektüre empfehlen!

Achtet bitte auf folgende Hinweise:

Euer Briefpartner soll eure Meinung über diesen Roman nachvollziehen können, also müsst ihr alles aufschreiben und dürft nichts voraussetzen.

Vermeidet Sätze wie „Die Geschichte finde ich … gut, lustig oder spannend", weil so eine Aussage ohne weitere Erläuterung völlig nichtssagend ist. Was einer lustig oder spannend findet, kann ein anderer traurig oder langweilig finden.

Macht stattdessen deutlich, warum ihr diesen Roman gut, lustig, spannend oder sonstwie findet! Ihr solltet euch dabei auf die Handlung beziehen, auf die einzelnen Figuren und deren Charakter oder auf die Sprache.

Da ihr eurem Briefpartner die eigene Lektüre empfehlen wollt, dürft ihr aber nicht zu viel verraten, damit die Spannung erhalten bleibt.

Wählt einen Abschnitt von fünf bis zehn Zeilen des Romans als Leseprobe aus und schreibt sie auf, um eurem Briefpartner Leselust zu machen.

Bewertungsbogen:

Aufgabe	Bewertungs-faktor	Punkte
Gelungene Balance zwischen Darstellung der Handlung und Verschweigen wichtiger Details	4	
Genaue Charakterisierung der einzelnen Figuren	3	
Beschreibung der Sprache des Romans	2	
Gute Wahl der Leseprobe	2	
Stimmigkeit und Treffsicherheit des eigenen Urteils	3	
Nachvollziehbarkeit des eigenen Urteils	2	
Überzeugungskraft der Argumentation	2	
Äußere Form und Fehlerzahl	1	

Punkte:

Note:

Bewertungsbogen für Referate

A Deckblatt, Gliederung/ Inhaltsverzeichnis, Zitate, Quellenverz.	B zentrale Fragestellung	C Erkundung, eigene Untersuchung	D Selbstständigkeit bei der Bearbeitung, Umgang mit Anregungen	
Deckblatt, Gliederung, Quellenverzeichnis fehlen	nicht erkennbar	fehlt	ohne Eigeninitiative; Anregungen werden nicht beachtet	0 1 2
Angaben sind unvollständig	Informationsbedürfnis	eigene Erfahrungen in Ansätzen vorhanden	viele Anstöße erforderlich, Anregungen teilweise und/oder unreflektiert übernommen	3 4 5
Bezug von Text und Quelle nicht oder fehlerhaft ausgewiesen	Bedeutung des Themas in Zusammenhänge gestellt	mehrere Aspekte oder methodische Ansätze	viele eigene Ideen; Anregungen werden aufgegriffen und beurteilt	6 7 8
Bezug von Text und Quelle ausgewiesen: korrekt, vollständig	Widersprüche zu bisherigen Auffassungen, neue Zusammenhänge	methodisch im Wesentlichen korrekt, umfassend im Sinne der Fragestellung	eigenständige Arbeitsweise; Anregungen werden integriert	9 10

E Umgang mit Texten und Quellen	F Ausdruck	G Informationsgehalt	
missverständliche oder missverstandene inhaltliche Wiedergabe	fehlerhaft, unangemessen	falsch und/oder lückenhaft	0 1 2
unkritische Übernahme aus Sachtexten	umgangssprachlich, missverständlich	unvollständig, ungenau	3 4 5
unkritische Übernahme aus Sachtexten	weitgehend sachlich und angemessen formuliert	im Allgemeinen richtig, informativ, stellenweise oberflächlich	6 7 8
Texte werden im Sinne der Fragestellung fehlerfrei bearbeitet; begriffliche Klarheit	Fachsprache durchgehend verwendet, treffend formuliert	richtig, genau, reichhaltig, vollständig	9 10

H Richtigkeit und Differenziertheit des Referats	I Integration der Einzelleistungen	K Struktur der Darstellung, Gliederung	
falsch und/oder undifferenziert	unangemessene Addition von Einzelleistungen	nicht vorhanden, nicht konkret, unstrukturiert	0 1 2
plakativ, unvollständig, ungenau	Reihung ohne Widersprüche, Verdopplungen	willkürliche Anordnung von Gesichtspunkten, Reihung von Aspekten	3 4 5
im Allgemeinen richtig, stellenweise oberflächlich, pauschal, informativ	Diskussionsansätze erkennbar, doch Einzelleistungen prägen das Gruppenergebnis	gute Struktur im Sinne einer Abfolge, von Einfachem zu Komplexem ...	6 7 8
richtig, genau, differenziert, reichhaltig, vollständig	Arbeit ist erkennbares Ergebnis der Gruppenreflexion	sinnstiftende Reihung oder hierarchische Ordnung, gegenstandsadäquate Struktur, theoretisch fundiert	9 10

L Wertungen, Beurteilungen	M Umfang	N Musikbeschreibung	O Inhalt des Plakats, Handouts etc.	
unbegründet, tendenziös, ohne Urteilsvermögen	zu kurz	fehlt	fehlt	0 1 2
wenig differenziert, kaum Kriterien, pauschale Wertungen	unzureichende, zu knappe Ausführungen	Ansätze vorhanden	keine Thesen oder adäquate Auflistungen	3 4 5
differenziert, komplex, gute Abstraktion, begründete Wertungen	ausreichende Darstellung	mehrere Aspekte kommen vor	Ansätze von Thesen oder Symbolen, Auswahl willkürlich	6 7 8
hohes Abstraktionsniveau, hohe Komplexität, viele Kriterien, gut begründete Wertungen	ausführlich, umfangreich	vielfältige Aspekte im Sinne der Fragestellung	Symbole, Thesen treffend und vollständig formuliert und ausgewählt	9 10

P Gestaltung des Plakats	Q Durchführung der Darbietung	R Aufwand für die Präsentation	
fehlt	ausgefallen	ohne ersichtliche Vorbereitung	0 1 2
Gestaltungsversuche, kaum Visualisierungen	vorgelesen, zögerliche Auskunft	Ansätze von Medieneinsatz (z.B. Handout)	3 4 5
gelungene Gestaltungsversuche, vieles kaum lesbar	im Ganzen verständlich und frei vorgetragen	angemessener Aufwand	6 7 8
optisch vielseitig, interessant, übersichtlich	engagierter Vortrag, Inhalte werden deutlich, Planung ohne Einschränkungen realisiert	viele Requisiten, viele Medien oder umfangreiche Probenarbeit	9 10

A	B	C	D	E	F	G	H	I	K	L	M	N	O	P	Q	R	Summe
0	0	0	0	0	0	0	0	0	0	0	0	0	0	0	0	0	
1	1	1	1	1	1	1	1	1	1	1	1	1	1	1	1	1	
2	2	2	2	2	2	2	2	2	2	2	2	2	2	2	2	2	
3	3	3	3	3	3	3	3	3	3	3	3	3	3	3	3	3	
4	4	4	4	4	4	4	4	4	4	4	4	4	4	4	4	4	
5	5	5	5	5	5	5	5	5	5	5	5	5	5	5	5	5	
6	6	6	6	6	6	6	6	6	6	6	6	6	6	6	6	6	
7	7	7	7	7	7	7	7	7	7	7	7	7	7	7	7	7	
8	8	8	8	8	8	8	8	8	8	8	8	8	8	8	8	8	
9	9	9	9	9	9	9	9	9	9	9	9	9	9	9	9	9	
10	10	10	10	10	10	10	10	10	10	10	10	10	10	10	10	10	

Die Kriterien werden vorgestellt, ausgewählt und im Fall der Verwendung für Bewertungen gewichtet:

      A = X Punkte mal Gewichtung
+ B = X Punkte mal Gewichtung
+ C ...
+ ...
+ R = X Punkte mal Gewichtung
      = erreichte Punktzahl

Erreichte Punktzahl/maximale Punktzahl = erreichter Prozentwert

Von: Klaus Berger/Ortrud Staude, Bremen

Klassenarbeit Klasse 5   Name:

Grammatik

Teil A: Wortarten

DER TRAINER GÖNNTE SEINEN ERSCHÖPFTEN SPORTLERN EINE KURZE PAUSE, UND ER MUTETE DEM SCHLECHTEREN TORWART EIN SONDERTRAINING ZU. IN DEM URLAUB MALTEN DIE KINDER SCHÖNE BILDER, UND NACH DEN FERIEN SCHENKEN SIE SIE SOWOHL IHREN ELTERN ALS AUCH DEN NETTESTEN VERWANDTEN.

1. Bestimme die Nomen:

Nomen	Geschlecht	Zahl	Fall
Trainer			
Sportlern			
Pause			
Torwart			
Sondertraining			
Urlaub			
Kinder			
Bilder			
Ferien			
Eltern			
Verwandten			

2. Bestimme die Artikel (wie in der Reihenfolge im Text):

Artikel	Geschlecht	Zahl	Fall
der (best.)			
eine (unbest.)			
dem (best.)			
ein (unbest.)			
des (best.)			
die (best.)			
den (best.)			
den (best.)			

3. Bestimme die Pronomen (wie in der Reihenfolge im Text):

Pronomen	Geschlecht	Zahl	Fall
seinen (b. P.)			
er (p. P.)			
sie (p. P.)			
sie (p. P.)			
ihren (b. P.)			

4. Bestimme die Adjektive:

Adjektive (Grundform)	Zahl	Fall	Steigerung
erschöpft(en)			
kurz(e)			
schlecht			
schön(e)			
nett			

5. Bestimme die Verben:

Verben (Infinitiv)	Person	Zahl	Zeit
gönnen			
zumuten			
malen			
schenken			

6. Bestimme die Präpositionen:

Präposition	
während	
nach	

7. Nenne die Konjunktionen:

Konjunktionen:	

Teil B: Satzteile

1. DER ARZT EMPFIEHLT KLAUS EINE LÄNGERE PAUSE.
2. DIE HAUSORDNUNG UNTERSAGT DEN GÄSTEN DAS RAUCHEN.
3. ALLE MÜSSEN SIE BEFOLGEN.

Schreibe in die Tabelle alle Satzteile der drei Sätze:

Subjekt	Prädikat	Dativobjekt	Akkusativobjekt
1.			
2.			
3.			

Name: Klasse: Datum:

Portfolio – Selbstbewertungsbogen

	Dein Thema:
Weshalb hast du dieses Thema gewählt?	
Wie hast du deine Informationen gesucht?	
Was hast du dabei gelernt?	
Ist es dir gelungen, einen interessanten Bericht zusammenzustellen?	
Was könntest du nächstes Mal noch verbessern?	
Frage in der Klasse nach, ob die Schüler bei der Vorstellung deines Berichts etwas gelernt haben und ob sie alles verstanden haben.	
War dein Bericht interessant und lehrreich?	
Bewerte dein Ergebnis:	

Name: _____ Klasse: _____ Datum: _____

Selbstbewertungsscheibe: Lern- und Sozialverhalten

Zeitraum: _____

Beschreibe, was du unter diesen Begriffen verstehst:

Selbstständigkeit: _____

_____

Kooperationsfähigkeit: _____

_____

Sorgfalt: _____

_____

Kritikfähigkeit: _____

_____

Zielstrebigkeit: _____

_____

Konzentration: _____

_____

Sortiere dich auf der Scheibe ein: Wo stehst du in jedem Feld? Je größer deine Fähigkeit in dem Gebiet ist, desto näher triffst du in die Mitte!

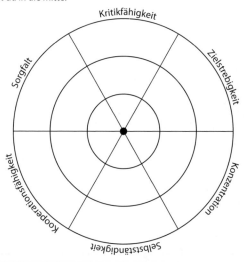

Name: _____   Mathematik, 6. Klasse

Selbstbeurteilung: Bruchrechnung/Flächenberechnung

Thema 1: „Glück und Zufall" (Bruchrechnung)
Thema 2: „Wie wir wohnen" (Flächenberechnung)

Mathematische Anforderungen	stimmt	stimmt besonders	stimmt bedingt	stimmt nicht
Ich kenne die Begriffe „Zufall, Zufallsversuch" und „Zufallsgerät" und ihre Bedeutung.				
Ich kann die Chancen und Wahrscheinlichkeiten für Spielsituationen abschätzen und vergleichen.				
Ich bin in der Lage, Wahrscheinlichkeiten in Form von Brüchen zu beschreiben.				
Ich kenne die Begriffe „Ereignisse" und „günstige Ereignisse" und kann ihre Wahrscheinlichkeiten berechnen.				
Ich bin in der Lage, die Wahrscheinlichkeiten von Teilereignissen zu berechnen und zu addieren.				
Ich kann Brüche nach ihrer Größe ordnen.				
Ich kann gleichnamige Brüche addieren.				
Ich kann gleichnamige Brüche subtrahieren.				
Ich kann Brüche erweitern und kürzen.				
Ich kann ungleichnamige Brüche erweitern und kürzen.				
Ich bin in der Lage, Brüche und damit Wahrscheinlichkeiten der Größe nach zu vergleichen.				
Ich kann Grundrisse von Wohnungen lesen und maßstäblich zeichnen.				
Aus vorgegebenen Zeichnungen lese ich Längen ab und berechne sie.				
Ich kann mein Zimmer maßstabsgerecht zeichnen.				
Ich kann mein Zimmer maßstabsgerecht einrichten.				
Ich kann Mietangebote vergleichen und beurteilen.				
Ich bin in der Lage, Flächeninhalte von Quadraten und Rechtecken zu berechnen.				
Ich kann die Größe unterschiedlicher Flächen miteinander vergleichen.				
Ich kann Längeneinheiten umrechnen.				
Ich kann Flächeneinheiten umrechnen.				
Ich bin in der Lage, Flächeninhalte mit der Flächenformel zu berechnen.				

Mathematische Anforderungen	stimmt	stimmt besonders	stimmt bedingt	stimmt nicht
Ich bin in der Lage, selbstständig zu arbeiten.				
Ich kann eigene Lösungsideen entwickeln.				
Ich beherrsche die Grundrechenarten.				
Ich kenne Rechengesetze und kann sie anwenden.				
Ich arbeite sauber und ordentlich.				
Ich kann sicher mit Geodreieck und Zirkel umgehen.				
Ich verstehe Textaufgaben und kann sie in Rechenoperationen umsetzen.				
Ich bin mit meinen Aufgaben immer in der zur Verfügung stehenden Zeit fertig.				

Schreibe hier bitte mit eigenen Worten:

1. Wie schätzt du deine mathematischen Kenntnisse ein? _____

_____

_____

_____

_____

_____

_____

2. Wie schätzt du dein Arbeitsverhalten ein? _____

_____

_____

_____

_____

_____

_____

Name: Klasse: Datum:

Selbstbeobachtung: Lern-, Arbeits- und Sozialverhalten

1. Lernverhalten

So merke ich mir wichtige Dinge am besten:
_____
_____

So verstehe ich wichtige Regeln und Gesetze:
_____
_____

So spreche ich deutlich und verständlich:
_____
_____

So kann ich den Inhalt der letzten Stunde am besten erklären:
_____
_____

So finde ich am leichtesten Beispiele für den Unterricht:
_____
_____

So kann ich leicht erklären, wie ich etwas lerne:
_____
_____

So kann ich am besten beschreiben, was ich gelernt habe:
_____
_____

2. Arbeitsverhalten

So plane und organisiere ich meine Arbeit:
_____
_____

So kann ich mich gut konzentrieren:
_____
_____

▶

▶ So lerne und arbeite ich allein und ohne Hilfe:
___
___

So lasse ich mir am liebsten helfen:
___
___

So schaffe ich es, alle Aufgaben zu erledigen:
___
___

So kann ich meine Zeit am besten einteilen:
___
___

3. Sozialverhalten

So arbeite ich gut mit anderen zusammen:
___
___

So helfe ich meinen Mitschülern am besten:
___
___

So kümmere ich mich um die Probleme meiner Mitschüler:
___
___

So verhalte ich mich bei Streitereien und Auseinandersetzungen:
___
___

So kann ich viel zur Klassengemeinschaft beitragen:
___
___

So möchte ich am liebsten von allen gesehen werden:
___
___

Name: Klasse: Datum:

Persönlicher Fragebogen am Ende des Schuljahrs

Trage eine Nummer zwischen 0 und 3 ein (0 = gar nicht, 2 = ein bisschen, 3 = sehr).

Meine Einstellung zur Arbeit	
Es fällt mir schwer, die Arbeit einzuteilen.	
Ohne Wochenplan würde ich mir mehr Mühe geben.	
Am Anfang hatte ich einige Schwierigkeiten, doch dann ging es recht gut.	
Ich muss stets am Wochenende nacharbeiten, weil ich den Wochenplan nie fertig habe.	
Ich mag die Arbeit mit dem Wochenplan nicht, weil ich mich nicht auf meine Arbeit konzentrieren kann.	
Ich lasse mich sehr schnell ablenken.	
Ich arbeite gern mit dem Wochenplan.	
Ich mogle oft, um schneller fertig zu sein, weiß aber, dass ich so nichts lerne.	
Ich habe wenig Selbstdisziplin und bevorzuge es, wenn die Lehrerin mir sagt, was ich als Nächstes tun soll.	
Ich bin sehr unordentlich und finde meine Aufgaben oft nicht.	
Ich arbeite gern mit dem Wochenplan, weil ich mir die Aufgaben selbstständig einteilen kann.	
Aufgaben aus dem Wochenplan erledige ich mit weniger Sorgfalt als andere Aufgaben.	
Ich weiß, dass ich mehr leisten oder sorgfältiger arbeiten könnte.	
Ich störe in der Klasse und bin mir dessen auch bewusst.	
Ich bin sehr ruhig in der Klasse und bemühe mich aufzupassen.	
Ich habe gelernt, mir meine Arbeit einzuteilen.	
Ich verliere oft mein Material.	
Manchmal sehe ich den Sinn der Aufgaben nicht ein.	
Ich bin in den Prüfungen oft unruhig und aufgeregt.	
Ich habe Schwierigkeiten, mich klar und deutlich auszudrücken.	

Bemerkungen:

_____

_____

_____

_____

Versuche einzuschätzen, was du dieses Jahr alles gelernt hast.

_____

_____

_____

_____

Was findest du besonders wichtig?

_____
_____
_____
_____
_____

Was findest du total unwichtig?

_____
_____
_____
_____
_____

Was hast du mit der Wochenplanarbeit lernen können?

_____
_____
_____
_____
_____

Was wünschst du dir für das nächste Schuljahr? Was möchtest du lernen/erfahren? Was möchtest du in der Klasse ändern oder beibehalten?
(Bitte bleibe realistisch und versuche, Sachen aufzuzählen, die wirklich machbar sind!)

_____
_____
_____
_____
_____

▶

Deine Lerngewohnheiten
(Diese Fragen brauchst du nicht schriftlich zu beantworten.)

- Denkst du, dass du dir dieses Jahr viel Mühe beim Lernen gegeben hast?
- Was lernst du gerne?
- Wann lernst du gut? Was muss stimmen, damit du gut lernen kannst?
- Findest du manchmal, dass du Sachen lernen musst, die für dich nicht wichtig sind oder keinen Sinn ergeben? Wenn ja, welche?
- Machst du dir manchmal Gedanken darüber, weshalb du etwas lernen musst?
- Gibt es Sachen, die wir in der Schule nicht lernen/gelernt haben, die dich aber sehr interessieren würden?
- Überlege, was Lernen für dich bedeutet und was du in Zukunft verbessern kannst, um besser zu lernen.

Zeichne mir hier ein Bild, das ausdrückt, wie du dich dieses Jahr in der Schule gefühlt hast!
Denke an Situationen zurück, in denen du traurig, zufrieden, konzentriert, interessiert, gelangweilt … warst! Du kannst auch einzelne kleine Bilder zeichnen mit einem kurzen Text darunter.

Vielen Dank für deine Mitarbeit!
Ich wünsche dir erholsame Ferien!

Name: Klasse: Datum:

Lernbericht: Einzel- und Gruppenarbeit

Zum Thema Selbstständigkeit und Sauberkeit meiner Arbeiten	0	1	2	3	Bemerkungen
Ich kann meine Arbeit planen und einteilen oder mich selbst organisieren.					
In welchem Zustand ist mein Schulmaterial und wie gut passe ich darauf auf?					
Mein Schulmaterial ist immer komplett, ich habe alles dabei, was ich brauche (Schere, Lineal …), und vergesse nie meine Bücher, Hefte …					
Ich benutze regelmäßig und problemlos Lexika oder andere Nachschlagewerke, ohne dass die Lehrerin mich daran erinnert.					
Ich kann mich ehrlich bewerten und über mich nachdenken.					
Zum Thema Mitwirken und Mitmachen					
Bei Klassengesprächen oder Lehrerfragen habe ich meistens etwas zu berichten, zu antworten oder zu fragen.					
Ich bin aktiv, versuche, Antworten zu finden, Ideen und Lösungen vorzuschlagen.					
Ich nehme Hilfe von anderen an.					
Ich bin leicht abgelenkt.					
Ich interessiere mich für den Unterricht.					
Ich störe den Unterricht.					
Zum Thema Gruppenarbeiten					
Ich nehme aktiv teil, versuche, Lösungen zu finden.					
Ich nehme Hilfe von anderen an.					
Ich störe die Arbeit anderer.					
Ich bin hilfsbereit.					
Ich akzeptiere die Ansichten anderer.					
Bei Schwierigkeiten					
Ich möchte die Schwierigkeiten überwinden.					
Ich nütze die angebotenen Hilfsmittel.					
Ich frage die Lehrerin oder andere Kinder um Hilfe.					
Ich entmutige mich rasch und höre auf zu arbeiten.					
Ich übertrage Gelerntes auf neue Lernsituationen.					
Zum Thema Einzelarbeiten					
Ich befolge Anweisungen.					
Ich gehe planvoll bei Arbeiten vor.					
Ich beende meine Arbeiten zur rechten Zeit.					
Ich frage nach zusätzlichen Erläuterungen.					
Ich erledige Zusatzaufgaben.					
Ich halte mich lange bei Nebensächlichkeiten auf.					

Name: Klasse: Datum:

Bewertungsbogen zum kooperativen Lernen

Fähigkeiten – Fertigkeiten – Kompetenzen	Punkte Lehrer	Punkte Schüler	Punkte selbst
Sachbezogenheit			
Arbeitet konzentriert an der Aufgabe			
Nutzt die Zeit sinnvoll und themenbezogen			
Ist in der Lage, Arbeitsanweisungen zu folgen			
Fordert bei Bedarf Hilfe vom Lehrer oder von den Mitschülern ein			
Gruppenbezogenheit			
Arbeitet gut mit den anderen Gruppenmitgliedern zusammen			
Bespricht mit den anderen die Arbeitsaufgaben			
Ist bereit, Arbeitsaufgaben zu übernehmen			
Fordert alle zur Mitarbeit auf			
Lässt anderen Zeit nachzudenken			
Lässt die anderen ausreden			
Nimmt Rücksicht auf andere und bietet Hilfe an			
Arbeitet ruhig, ohne andere zu stören			
Lässt sich nicht ablenken			
Selbstbezogenheit			
Beteiligt sich am Aufstellen von Regeln und hält diese ein			
Spricht sachlich und leise zu den anderen			
Fällt nicht durch übertriebene Körperbewegungen auf			
Achtet sorgfältig auf die eigenen Arbeitsmaterialien und die der Mitschüler			
Achtet zu Beginn und am Ende des Unterrichts auf die Bereitstellung und das Wegräumen der Arbeitsmaterialien			

Bewertungsschlüssel

Punkte	Bewertung
162–142	sehr gut
141–122	gut
121–100	befriedigend
99–81	ausreichend
80–51	mangelhaft
50–0	ungenügend

Name: Klasse: Datum:

Bewertungsbogen zur Gruppenarbeit (Notenpool)

Anwendung des „Notenpoolverfahrens": Jede Gruppe ermittelt zuerst für sich eine Gesamtpunktzahl. Der Lehrer gibt der Gruppe ebenfalls eine Punktzahl. Dies wird verglichen und in Deckungsgleichheit gebracht. Anschließend kann die Gruppe diese Gesamtpunktzahl entsprechend auf die Mitglieder verteilen.

Fähigkeiten – Fertigkeiten – Kompetenzen	Gesamtgruppe	Lehrer
Fachliche Dimension		
Fachlich richtige und korrekte Arbeit		
Deutlich erkennbare Lernfortschritte		
Klare Formulierung von Zielen und Teilzielen		
Strukturiertes Arbeiten, deutlich erkennbarer „roter Faden"		
Gezielte und kompetente Nutzung von fachspezifischen Hilfsmitteln		
Flexible Vorgehensweise beim Auftreten unerwarteter Probleme		
Kooperative Dimension		
Effektive und wirkungsvolle Kommunikation mit den anderen Gruppenmitgliedern		
Sachliche und kooperative Prüfung neuer Arbeitsaufgaben		
Allgemeine Akzeptanz neuer Aspekte		
Produktive Arbeitsatmosphäre		
Flache und stetig wechselnde Hierarchisierungen bei weitgehend gegenseitiger Hilfestellung		
Minimierung egozentrischer Verhaltensweisen und egoistischer Perspektiven		
Individuelle Dimension		
Bemühen um regelgeleitete transparente Kommunikation		
Eigenständige Kontrolle von (Teil-)Lösungen		
Bewusste Gestaltung eines positiven Gruppenklimas		
Sorgfalt bei der Arbeit und im Umgang mit den Arbeitsmaterialien		
Kompetente Arbeitsorganisation		

Name: Klasse: Datum:

Bewertungsbogen für Teamarbeit

Für eine sehr gute Leistung ist es nötig, dass …	Selbsteinschätzung	Mitschüler	Lehrer
das Thema sehr gut strukturiert wurde.			
eine kreative Vernetzung zur Arbeit der anderen Gruppen stattfand.			
das Team besonders effektiv zusammengearbeitet hat.			
im Team alle Ideen aller aufgenommen und produktiv diskutiert wurden.			
die Arbeit sehr produktiv war.			
die Informationen sachlich richtig und sehr genau waren.			
die Inhalte präzise sprachlich beschrieben wurden.			
die Arbeit sich auf sehr umfangreiche und informative Quellen stützt.			
die Quellen eigenständig ausgewählt wurden.			
auch außerhalb der Schule recherchiert wurde.			
Für eine gute Leistung ist es nötig, dass …			
das Thema erkennbar gut strukturiert war.			
die Arbeit der anderen Gruppen zur Kenntnis genommen worden war.			
das Team gut zusammengearbeitet hat.			
alle Teammitglieder eingebunden waren.			
die Informationen im Wesentlichen richtig und genau waren.			
die sprachliche Darstellung angemessen war.			
die Arbeit sich auf überdurchschnittlich viele Quellen stützt.			
die Quellen im Wesentlichen eigenständig ausgewählt wurden.			
Für eine befriedigende Leistung reicht es, dass …			
eine grundsätzlich vorhandene Struktur erkennbar ist.			
die Arbeit der anderen Gruppen ansatzweise zur Kenntnis genommen wurde.			
das Team meistens zusammengearbeitet hat, auch wenn es nicht immer auf die Arbeit konzentriert war.			
die meisten, aber nicht alle Teammitglieder immer aktiv mit eingebunden waren.			
die Informationen häufig, aber nicht immer verkürzt waren.			
die sprachliche Darstellung einige Mängel aufwies.			
die Arbeit sich auf eine noch gerade angemessene Anzahl von Quellen stützt.			
ein kleiner Teil der Quellen eigenständig ausgewählt wurde.			

Für eine ausreichende Leistung reicht es, dass …	Selbsteinschätzung	Mitschüler	Lehrer
eine Struktur zwar nicht klar zu erkennen, aber zu erahnen ist.			
die Arbeit der anderen Gruppen wenig zur Kenntnis genommen wurde.			
das Team zwar wenige, aber einige produktive Phasen gehabt hat.			
es viele unproduktive Streitigkeiten im Team gegeben hat.			
die Informationen nur selten präzise bzw. sachlich richtig waren.			
die sprachliche Darstellung ansatzweise angemessen war.			
nur sehr wenige Quellen genutzt wurden.			
die genutzten Quellen (fast) sämtlich vom Lehrer vorgegeben waren.			
Eine mangelhafte bis ungenügende Leistung liegt vor, wenn …			
keine Struktur zu erkennen ist, sondern die Gedanken völlig chaotisch waren.			
das Team abgeschottet von den anderen Gruppen gearbeitet hat.			
es keinerlei Teamarbeit und keine sachlichen Auseinandersetzungen gegeben hat.			
die Informationen unrichtig oder vom Team falsch verstanden worden waren.			
die sprachliche Darstellung nicht angemessen war.			
keine Quellen genutzt wurden.			

Name: Klasse: Datum:

Bewertungsbogen für „Szenische Interpretationen" und „Darstellendes Spiel"

Lern- und Leistungsbereich	Bewertungs-faktor	Punkte Lehrer	Punkte Schüler	Punkte Mitschüler
Rollenbiografien und -monologe				
Der Text ist grundsätzlich verstanden.	1			
Die Einfühlung in die Figur ist gelungen.	2			
Der Wesenskern der Figur ist herausgearbeitet.	3			
Die Situation, in der die Figur dargestellt wird, ist angemessen.	1			
Die Figur wird entwickelt und differenziert.	2			
Die Intention des Autors bzw. Regisseurs wird getroffen.	1			
Schauspielerische Leistung				
Angemessene Mimik und Gestik	1			
Körpersprache: Der gesamte Körper wird eingesetzt.	1			
Körpersprache: Der Schüler bewegt sich sicher und nutzt die gesamte Bühne.	2			
Die Sprache ist gut verständlich und akzentuiert.	1			
Die Sprache gibt Aufschluss über Gefühle und Stimmungen.	1			
Requisiten werden geschickt eingesetzt und dienen nicht zum Verbergen der Unsicherheit.	1			
Der Schüler geht angemessen mit Kritik um und kritisiert die anderen sachlich.	1			
Der Schüler fühlt sich verantwortlich für den Gruppenprozess.	1			
Der Schüler ist verlässlich und teamfähig.	1			
Gestaltung der äußeren Rahmenbedingungen				
Kreative Konzeption von Bühnenbildern	1			
Handwerklich geschickte Umsetzung bei der Herstellung von Bühnenbildern	1			
Kreative Konzeption von Kostümen und Masken	1			
Handwerklich geschickte Umsetzung	1			
Kompetenz im Umgang mit Licht und Ton	1			
Öffentlichkeitsarbeit	1			

Name: Klasse: Datum:

Schüler-Beobachtungsbogen:
Lern-, Arbeits- und Sozialverhalten

1. Lernverhalten
Wahrnehmungsfähigkeit

Auffassungsgabe

Ausdrucksvermögen

Wiedergabefähigkeit

Übertragungsfähigkeit

Beurteilungskompetenz

2. Arbeitsverhalten
Arbeitsorganisation

Konzentration

Selbstständigkeit

Engagement

3. Sozialverhalten
Teamfähigkeit

Hilfsbereitschaft

Soziale Sensibilität

Konfliktfähigkeit

Selbstsicherheit

Schüler-Beobachtungsbogen: Beobachtungshilfen – Formulierungshilfen

1. Lernverhalten

Wahrnehmungsfähigkeit: Der Schüler …
- nimmt Veränderungen in der schulischen Umgebung wahr.
- registriert die Stimmungen der Mitschüler.
- bemerkt Umgestaltungen im Klassenraum.
- erkennt Unterschiede oder Gemeinsamkeiten und benennt sie.
- benennt sinnliche Unterschiede und Veränderungen.
- identifiziert Gegenstände auch aus ihren Teilelementen, vergleicht Bekanntes mit Unbekanntem.

Auffassungsgabe: Der Schüler …
- erkennt Zusammenhänge, Gemeinsamkeiten und Trennendes.
- unterscheidet Wesentliches von Unwesentlichem.
- versteht Sachverhalte, Darstellungen und Vorgänge.
- beschreibt lückenlos Zusammenhänge und komplexe Abläufe.
- versteht logische Verknüpfungen und Zusammenhänge.
- erfasst das Wesentliche in Aussagen, Texten und Versuchen.
- begreift Aufgabenstellungen, Problembeschreibungen und Anleitungen.
- entwickelt eigene Lösungswege für ein Problem.
- ist in der Lage, aus mehreren Lösungsverfahren das geeignetste auszuwählen.
- leitet aus Einzelbeobachtungen richtige Schlussfolgerungen ab.

Ausdrucksvermögen: Der Schüler …
- verfügt über einen angemessen großen Wortschatz.
- drückt sich sprachlich und inhaltlich verständlich aus.
- unterstützt Aussagen und Erklärungen durch Gestik und Mimik.
- verfügt über eine bildhafte und fantasievolle Sprache.
- übersetzt komplizierte Sachverhalte verständlich und nachvollziehbar.
- nutzt geeignete Methoden und Medien zur Darstellung.
- strukturiert Aussagen durch angemessene Satzkonstruktionen.
- erzählt und berichtet über Wahrnehmungen detailgetreu.

Wiedergabefähigkeit: Der Schüler …
- verfügt und nutzt altes Wissen zur Erklärung neuer Zusammenhänge.
- gibt das Wesentliche eines komplexen Sachverhalts wieder.
- ist in der Lage, Inhalte aus den letzten Unterrichtsstunden zu wiederholen.
- ergänzt angemessen fehlerhafte Beiträge.
- trennt Wichtiges von Unwichtigem bei einer Darstellung oder Beschreibung.

Übertragungsfähigkeit: Der Schüler …
- bearbeitet Probleme und Aufgaben entsprechend den Vorgaben.
- denkt voraus und löst sich von eingeübten Schemata.
- überträgt bekannte Verfahren und Gelerntes auf ähnliche Aufgabenstellungen.
- findet Anwendungsbeispiele zu Regeln und Gesetzen.

- nutzt außerschulische Erfahrungen zur Lösung von Problemstellungen.
- löst neue und strukturähnliche Probleme und Aufgabenstellungen.
- überträgt Gelerntes auf neue Sachverhalte und Situationen.
- ist in der Lage, neue Perspektiven für Bekanntes zu entwickeln.
- verwendet unterschiedliche Darstellungsformen und -mittel.

Beurteilungskompetenz: Der Schüler …
- beurteilt eigene und fremde Leistungen angemessen und kritisch.
- kann folgerichtig urteilen und handeln.
- hinterfragt Lösungsvorschläge, Vorgehensweisen, Anforderungen und Arbeitsanweisungen.
- begründet eigene Meinungen und Ansichten einsichtig und lässt sich fremde begründen.
- erkennt Widersprüchlichkeiten in Auffassungen und Äußerungen.
- hinterfragt Probleme nach deren Ursachen.
- überlegt die Konsequenzen vor einer Handlung.
- wägt Vor- und Nachteile gegeneinander ab.
- stellt kritische Fragen.

2. Arbeitsverhalten

Arbeitsorganisation: Der Schüler …
- arbeitet zielgerichtet, zuverlässig und präzise.
- bereitet seinen Arbeitsplatz so vor, dass alle benötigten Arbeitsmaterialien vorbereitet und vorhanden sind.
- organisiert und plant seine Arbeit sinnvoll und zweckmäßig.
- ist in der Lage, seine Zeit für die Erledigung einer Aufgabe richtig einzuteilen.
- stellt eine Rangfolge der zu lösenden Probleme auf.
- unterteilt die Aufgaben in sinnvolle Teilaufgaben und Zeitabschnitte.
- vergleicht Zeitaufwand und Resultat und zieht Rückschlüsse.
- hält die vereinbarten Zeiten zur Erledigung einer Arbeit ein.

Konzentration: Der Schüler …
- arbeitet konzentriert und ausdauernd über längere Zeit.
- lässt sich nicht ablenken.
- beschäftigt sich intensiv und längere Zeit mit einem Thema.
- beendet jede angefangene Arbeit.
- vertieft sich in die Arbeit und die Problemstellung.
- bemüht sich um gleichbleibende Qualität der Ergebnisse.
- arbeitet nicht oberflächlich oder flüchtig.

Selbstständigkeit: Der Schüler …
- arbeitet selbstständig und ohne ständige Kontrolle.
- schätzt sein Leistungsvermögen richtig ein.
- plant die Lösung von Aufgaben und Problemen vor der Bearbeitung.
- nimmt neue Lerninhalte auf, hinterfragt und verarbeitet sie sicher.
- ist in der Lage zu improvisieren.
- weiß sich im Regelfall bei Problemen selber zu helfen.
- beschafft und organisiert selbstständig weiterführende Informationen und Materialien.
- tritt selbstsicher, bestimmt und zielorientiert auf.

▶

Engagement: Der Schüler ...
- zeigt Interesse am Unterricht und an den Lerninhalten.
- bemüht sich um Mitarbeit und bringt Ideen, Vorschläge und Anregungen ein.
- bereichert den Unterricht durch außerhalb der Schule gewonnene Erfahrungen.
- strengt sich an und lässt sich nicht entmutigen.
- übernimmt freiwillig Aufgaben, auch ungewöhnliche oder solche mit höherem Schwierigkeitsgrad.
- bemüht sich um fehlerfreies Arbeiten, lernt aber auch aus Fehlern.
- ist bestrebt, sein Wissen und Können zu erweitern.
- informiert sich durch zusätzliche Materialien und Medien.
- ist neugierig und hat Spaß und Freude an der Arbeit.

3. Sozialverhalten

Teamfähigkeit: Der Schüler ...
- arbeitet gerne mit anderen Schülern zusammen.
- bemüht sich um Gerechtigkeit, die Einhaltung der vereinbarten Regeln und die Arbeitsverteilung in der Gruppe.
- akzeptiert mehrheitlich entschiedene Beschlüsse.
- sorgt für ein angenehmes Arbeitsklima.
- ist kompromissbereit und übernimmt auch eher unangenehme Aufgaben.
- stellt das Gruppenziel vor persönliche Interessen und Ziele.
- beteiligt sich an gemeinsamen Planungen und Lösungen aktiv.
- wertschätzt die Beiträge seiner Teampartner.
- hört anderen zu, geht auf sie ein und schätzt sie.
- leiht Materialien aus und bemüht sich um Unterstützung.

Hilfsbereitschaft: Der Schüler ...
- hilft anderen und respektiert sie.
- wird von seinen Mitschülern sehr geschätzt.
- unterstützt schwächere Schüler und setzt sich für sie ein.
- verzichtet auf eigene Vorteile zugunsten anderer.
- übernimmt freiwillig auch unangenehme Aufgaben.
- ist ein wichtiges Mitglied der Klassengemeinschaft.
- handelt rücksichtsvoll, fair und gerecht.
- übernimmt Verantwortung für sich selbst und andere.

Soziale Sensibilität: Der Schüler ...
- erkennt die Gefühle und Bedürfnisse anderer und geht darauf ein.
- zeigt Freude, Ängste, Betroffenheit, Mitgefühl und Verständnis.
- kümmert sich um Migranten, Kranke und Behinderte.
- zeigt Einfühlungsvermögen, Toleranz und Anteilnahme.
- ist in der Lage, sich in andere hineinzuversetzen.
- schätzt sich und seine Rolle innerhalb der Klassengemeinschaft richtig ein.

Konfliktfähigkeit: Der Schüler ...
- bemüht sich um Vermittlung bei Konflikten und Streitereien.
- schlichtet Streit und Auseinandersetzungen mit fairen Mitteln.

▶

▶

- wehrt sich angemessen gegen verbale und körperliche Angriffe.
- akzeptiert die Standpunkte und Meinungen anderer.
- versucht, die Ursachen eines Konflikts zu hinterfragen und offenzulegen.
- bietet sich als Streitschlichter an, um Konflikte zu lösen.
- ist nicht unsachlich, hinterhältig oder nachtragend.
- ist in der Lage, eigenes Verhalten sachlich zu vertreten, zu begründen und zu verteidigen.
- äußert Kritik offen, positiv aufbauend und mit konstruktiven Vorschlägen.
- lässt sich kritisieren, erträgt dieses und bemüht sich um Verhaltensänderung.

Selbstsicherheit: Der Schüler …
- ist in der Lage, seine Arbeitsergebnisse richtig einzuschätzen.
- erbringt und zeigt Leistungen sowohl im Unterricht als auch in Leistungsüberprüfungen.
- äußert sich sicher und treffend zu den geforderten Aufgaben.
- sagt, was er denkt, und steht zu seiner Meinung.
- überspielt seine Schwächen nicht, sondern steht zu ihnen und geht konstruktiv damit um.
- tritt sicher, ruhig, freundlich und gefasst auf.
- wird in der Klassengemeinschaft akzeptiert und umgekehrt.
- lässt sich durch kritische Äußerungen nicht unmittelbar verunsichern.
- spricht mit dem Lehrer, wenn er sich ungerecht behandelt fühlt.
- verfügt über psychomotorisches Geschick.
- entwickelt handwerkliche, praktische Fähigkeiten.
- ist ein emanzipiertes Mitglied unserer Klasse.

Name: Klasse: Datum:

Bewertungsbogen: mündliche Beteiligung am Unterricht

Lern- und Leistungsbereich	Bewertungsfaktor	Punkte
Fachliches Lernen		
Die Beiträge sind durchweg fachlich richtig.	2	
Der Schüler lässt sich nicht so leicht von seinem Ziel ablenken.	1	
Fachspezifische Arbeitsmittel wie Wörterbücher, Duden, Formeltafel werden genutzt.	1	
Schon vorhandene (Teil-)Lösungen werden einbezogen und genutzt.	1	
Der Schüler kann wesentliche Aufgaben von unwesentlichen unterscheiden.	2	
Der Schüler erkennt Zusammenhänge zu anderen Themen und Fächern.	3	
Neue und eigene Ideen werden sinnvoll eingebracht.	1	
Die erzielten Lernergebnisse werden angemessen formuliert.	2	
Der Schüler kann die eigenen Lernergebnisse in den Unterrichtsverlauf einbringen.	1	
Methodisches Lernen		
Der Schüler kann selbstständig eine Zeitplanung aufstellen und diese einhalten.	2	
Der Schüler kann Teil- und Zwischenziele angeben und kontrolliert regelmäßig, ob diese eingehalten werden.	1	
Material für den Unterricht und zur weiteren Information wird selbstständig beschafft.	1	
Das Material wird selbstständig geordnet, sortiert und strukturiert.	1	
Die altersangemessenen Arbeitsmethoden des Faches werden sicher beherrscht.	3	
Der Schüler verfügt über die Fähigkeit, seine Arbeitsergebnisse genau zu formulieren.	2	
Von der eigenen Meinung abweichende Ansichten der Mitschüler werden akzeptiert und in ihrer Bedeutung verstanden.	1	
Die eigene Meinung und die anderer werden sachlich bewertet.	1	
Soziales Lernen in der Gemeinschaft		
Der Schüler kann (Umgangs-, Gesprächs-, Arbeits-)Regeln aufstellen.	1	
Der Schüler achtet darauf, dass die vereinbarten Regeln eingehalten werden.	1	
Die eigene Meinung wird sachlich mit Argumenten vertreten, ohne persönlich oder beleidigend zu werden.	2	
Auf Kritik wird ruhig und sachlich reagiert, ohne den anderen zu kränken.	2	
Der Schüler ist fähig, die soziale Situation der Lerngruppe zu reflektieren.	1	
Der Schüler zeigt die Bereitschaft zur Übernahme von Arbeit.	1	
Der Schüler zeigt die Bereitschaft zur Übernahme von Verantwortung.	1	

Name:	Klasse 5	Datum:

Bewertungsbogen zum fachübergreifenden Unterricht, Thema: Symmetrien in der Natur

Ich habe dir hier angekreuzt, was du bei dem Vorhaben „Symmetrien in der Natur" gelernt und wie du gearbeitet hast:

- ☐ Du weißt, nach welchen Regeln diese Muster aufgebaut sind.
- ☐ Du kannst selbst solche Muster erstellen.

- ☐ Du kannst durch Falten achsensymmetrische Figuren herstellen.
- ☐ Du weißt, dass eine Faltgerade Symmetrieachse heißt.
- ☐ Du zeichnest Symmetrieachsen richtig ein.
- ☐ Du gibst die Anzahl der Symmetrieachsen richtig an.
- ☐ Du kannst die Lage der Symmetrieachse beschreiben.
- ☐ Du kannst mithilfe eines Spiegels Spiegelbilder herstellen.
- ☐ Du zeichnest richtige Spiegelbilder.

- ☐ Du kennst ebensymmetrische Körper aus deiner Umgebung.
- ☐ Du kannst die Lage der Symmetrieebenen beschreiben.

- ☐ Du ergänzt Figuren zu achsensymmetrischen Bildern.
- ☐ Du weißt, was der Begriff „Achsensymmetrie" bedeutet.
- ☐ Du spiegelst Figuren mithilfe des Geodreiecks an einer Geraden.
- ☐ Du erzeugst Spiegelbilder durch Auszählen der Kästchen im Quadratgitter.
- ☐ Du weißt, dass Punkt und gespiegelter Punkt denselben Abstand zur Symmetrieachse haben.

- ☐ Du kannst Figuren richtig verschieben.
- ☐ Du bist in der Lage, Verschiebungsvorschriften richtig zu lesen und umzusetzen.
- ☐ Du kannst Verschiebungsvorschriften durch Verschiebepfeile veranschaulichen.
- ☐ Du zeichnest Verschiebungspfeile richtig ein.
- ☐ Du kennst den Begriff „Parallelverschiebung".
- ☐ Du stellst Musterbänder durch wiederholtes Verschieben her (Bandornamente).

- ☐ Du kannst Figuren um einen Punkt drehen.
- ☐ Du erkennst die Symmetrie beim Drehen.
- ☐ Du kennst die Begriffe „Drehsymmetrie" und „Drehpunkt".

- ☐ Du zeichnest Spiralen im Dreiecks- und Quadratgitter.
- ☐ Du erkennst Spiralen in der Natur.
- ☐ Du gibst die Zahlenfolgen einer Spirale richtig an.
- ☐ Du kannst mithilfe von Zahlenfolgen eigene Spiralen zeichnen.
- ☐ Du nutzt das Geodreieck als Hilfsmittel zum Zeichnen.
- ☐ Du fertigst alle Zeichnungen sauber und ordentlich mit Lineal und Bleistift an.
- ☐ Du drehst Figuren mithilfe eines Zirkels oder einer Kreisscheibe.

Webcode: LM233229-024

Vorbereitung Klassenarbeit Klasse 5: Wortarten und Satzteile

Checkliste
(Ich schreibe nur die für die Arbeit wichtigen grammatischen Regeln heraus! Die Checkliste ist also keineswegs vollständig, aber was hier (noch) nicht aufgeführt ist, braucht ihr für die nächste Arbeit nicht zu beherrschen!)

1. Wortarten
- *Nomen* (Hauptwörter, Namenwörter): Nomen werden im Satz gebeugt und sind bestimmbar nach Geschlecht (Genus), Zahl (Numerus) und Fall (Kasus).
- *Artikel* (Begleiter): Sowohl der bestimmte als auch der unbestimmte Artikel werden zusammen mit dem Nomen, dessen Begleiter sie sind, gebeugt. Also auch hier Geschlecht, Zahl und Fall angeben.
- *Pronomen* (Fürwörter): Persönliche Fürwörter (Personalpronomen) stehen anstelle eines Nomens und werden daher auch wie das Nomen, für das sie stehen, gebeugt. Also auch hier Geschlecht, Zahl und Fall angeben. Besitzanzeigende Fürwörter (Possessivpronomen) können alleine oder vor einem Nomen, auf das sie sich beziehen, stehen. Sie werden immer gebeugt, also Geschlecht, Zahl und Fall angeben.
- *Adjektive* (Eigenschaftswörter): Adjektive haben die Funktion, ein Nomen näher zu bestimmen. Sie stehen meist direkt vor diesem Nomen und werden mit ihm zusammen gebeugt. Also Zahl und Fall angeben. Zusätzlich können die meisten Adjektive gesteigert werden: Grundform (Positiv), 1. Steigerungsform (Komparativ), 2. Steigerungsform (Superlativ). Auch dieses in der Arbeit bitte angeben.
- *Verben* (Tätigkeitswörter): Auch Verben werden im Satz meistens gebeugt. Ich möchte, dass ihr jeweils die Grundform (den Infinitiv) hinschreibt und die Verben nach Person, Zahl und Zeit bestimmt. Es kommen nur Gegenwart (Präsens) und Vergangenheit (Präteritum) vor!
- *Präpositionen* (Verhältniswörter): Ich möchte, dass ihr den Fall bestimmt, mit dem sie im Satz stehen.
- *Konjunktionen* (Bindewörter): Nur nennen, nicht weiter bestimmen.

2. Satzteile
Wir haben bisher drei Satzteile kennengelernt:
- *Prädikat:* Das Prädikat besteht aus mindestens einem gebeugten Verb oder Hilfsverb. Häufig sind mehrteilige Prädikate (Prädikatsklammer), dann bitte immer alle Teile kennzeichnen.
- *Subjekt:* Das Subjekt „antwortet" auf die Frage „Wer oder was?", steht immer im 1. Fall (Nominativ).
- *Objekt:* Es gibt Dativ- und Akkusativobjekte. Beide bestehen aus mindestens einem Nomen oder Pronomen (häufig mit einem oder mehreren Adjektiven davor). Die seltenen Genitivobjekte erspare ich euch bei dieser Arbeit! Nach Dativobjekten fragt man mit „Wem oder was?", nach Akkusativobjekten mit „Wen oder was?".

Name: Klasse 10 Datum:

Bewertungsbogen: Klassenarbeit Körperberechnungen

Aufgabe/erwartete Leistungen	Bewertungs-faktor	Punkte
Aus Höhe und Länge der Grundkanten das Volumen der Cheopspyramide berechnen		
Mithilfe des Satzes des Pythagoras die Länge der Seitenkanten bestimmen (verschiedene Lösungswege möglich)		
Berechnung des verringerten Volumens mithilfe der Prozentrechnung		
Formel zur Berechnung des Volumens einer Pyramide umstellen, Höhe der neuen Pyramide berechnen		
Pyramidenstumpf erkennen und das Volumen berechnen, Skizze erstellen, Anwendung des Strahlensatzes zur Berechnung der Grundkante der Deckfläche, errechneten Wert in die Formel für den Pyramidenstumpf einsetzen		
Aus Dichte und Volumen die Masse bestimmen		
Skizze mit Bezeichnungen anfertigen, mithilfe von Tangens, Sinus oder Kosinus den Neigungswinkel bestimmen		
Berechnung des Mantels/der Oberfläche der Pyramide (mit Begründung)		
Formel zur Berechnung des Volumens einer Pyramide umstellen, Berechnung der Länge der Grundkante		
Skizze mit Bezeichnungen anfertigen, mithilfe von Tangens, Sinus oder Kosinus den Neigungswinkel bestimmen		
Berechnung und Vergleich des Zylindervolumens und des Kegelvolumens		
Berechnung und Vergleich des Zylindervolumens und des Halbkugelvolumens		
Skizze mit Bezeichnungen anfertigen, begründete Anwendung des Strahlensatzes, aufwändiges Gleichungssystem mit zwei Unbekannten, Berechnung der Höhe und des Radius eines Kegelstumpfes		
Volumenvergleich eines Zylinders und einer Halbkugel		
Beschreibung der Körperformen, begründete Argumentation		
Berechnung des Radius der Bodenfläche, Aufstellen und Lösen einer quadratischen Gleichung		
Volumenberechnung eines zusammengesetzten Körpers, Vergleich mit dem Zylindervolumen, Berechnung des Inhaltes mithilfe der Prozentrechnung		
Skizze mit Bezeichnungen anfertigen, Strahlensatz anwenden zur Berechnung des Radius der Deckfläche, Volumen des Kegelstumpfes berechnen, Einsparung mithilfe der Prozentrechnung bestimmen		

Punkte:

Note:

Name: Klasse 6   Datum:

Auswertung der Lernkontrolle, Thema: Winkelberechnungen

Ich habe dir hier angekreuzt, welche Fähigkeiten und Fertigkeiten du gelernt hast und anwenden kannst.

- ☐ Du kannst die Größe eines Winkels richtig ausmessen und angeben.
- ☐ Du zeichnest angegebene Winkelgrößen richtig.
- ☐ Du berechnest die Größe eines Winkels richtig.
- ☐ Du bist in der Lage, einen Punkt auf einer Geraden festzulegen und in diesen Punkt an die Gerade Winkel anzutragen.
- ☐ Du ergänzt vorgegebene Winkelgrößen richtig.
- ☐ Du kennst Stufen- und Wechselwinkel.
- ☐ Du verstehst den Inhalt von Textaufgaben und übersetzt die Fachsprache in handlungsorientierte Anweisungen.
- ☐ Du fertigst saubere und übersichtliche Zeichnungen an.
- ☐ Du bist in der Lage, mit Geodreieck, Zirkel, Lineal und Bleistift anschauliche Zeichnungen anzufertigen.
- ☐ Du setzt die Winkelbezeichnungen richtig ein.
- ☐ Du kennst die geometrischen Fachausdrücke und setzt sie richtig ein.
- ☐ Spezielle Winkelbezeichnungen gibst du in der richtigen Gradzahl an.
- ☐ Bestimmte Winkelgrößen benennst du mit ihrem Fachbegriff.

Ich habe hier angekreuzt, was du unbedingt noch einmal wiederholen und üben solltest (du findest die entsprechenden Übungen in den nächsten Wochen im Arbeitsplan):

- ☐ Wiederhole und übe das Ausmessen von Winkeln.
- ☐ Zeichne unterschiedlich große Winkel noch einmal zur Übung.
- ☐ Wiederhole die mathematische Fachsprache, damit du die Arbeitsaufträge verstehst.
- ☐ Informiere dich über Winkelgrößen in bestimmten Figuren und Körper.
- ☐ Die Sorgfalt in deinen zeichnerischen Darstellungen sollte sich verbessern und von dir geübt werden.

Name: _____ Klasse: _____ Datum: _____

Bewertung Mappenführung

zum Thema: _____

Bewertungsaspekt	PUNKTE			
	0	1	2	3
Äußere Form				
Die Mappe ist vollständig.				
Sie enthält ein Inhaltsverzeichnis, die Seiten sind nummeriert und mit dem jeweiligen Datum versehen.				
Die Arbeitsblätter und Anlagen sind in der richtigen Reihenfolge eingeheftet.				
Das Inhaltsverzeichnis stimmt mit der Reihenfolge der Textabschnitte und Bilder überein.				
Die Mappe enthält zusätzliche Materialien.				
Die Gestaltung ist interessant und optisch ansprechend.				
Durch den Wechsel von Text, Bildern, Tabellen und Grafiken ist der Inhalt interessant dargestellt.				
Das Titelblatt macht neugierig auf den Inhalt.				
Es gibt ein Verzeichnis der benutzten Materialien.				
Die benutzte Literatur ist vollständig angegeben.				
Inhaltliche Ausarbeitung				
Die Texte sind fehlerfrei geschrieben.				
Die Sprache ist angemessen und verständlich.				
Die Fachsprache ist richtig verwendet worden.				
Unbekannte Begriffe oder Verfahrensweisen werden erklärt.				
Die Auswahl des Themas wird begründet und hinterfragt.				
Das Thema wird unter verschiedenen Aspekten betrachtet und bearbeitet.				
Am Schluss findet eine kritische Auswertung statt.				
Eigenständigkeit der Arbeit				
Die Texte sind erkennbar selber verfasst.				
Sowohl die sprachliche Formulierung als auch die inhaltliche Durchdringung des Themas lassen die Selbstständigkeit der Arbeit erkennen.				
Zitate sind entsprechend den Vorgaben kenntlich gemacht worden.				
Alle zitierten Quellenangaben finden sich im Literaturverzeichnis wieder.				
Alle Internetrecherchen sind gemäß den verabredeten Regeln gekennzeichnet.				

Gesamtergebnis

Verzeichnis der Kopiervorlagen

A

Auswertung der Lernkontrolle, Thema: Winkelberechnungen 166
Auswertung eines nichtlinearen Textes (Tabelle/Diagramm) 135

B

Beurteilungskriterien und Bewertungsraster für Referate, Protokolle und Fach- und Jahresarbeiten 65
Bewertung deiner Geschichte 134
Bewertung Mappenführung 167
Bewertungsbogen für „Szenische Interpretationen" und „Darstellendes Spiel" 156
Bewertungsbogen für Referate 138
Bewertungsbogen für Teamarbeit 154
Bewertungsbogen: Klassenarbeit Körperberechnungen 165
Bewertungsbogen zum fachübergreifenden Unterricht, Thema: Symmetrien in der Natur 163
Bewertungsbogen zum kooperativen Lernen 152
Bewertungsbogen zur Gruppenarbeit (Notenpool) 153
Bewertungsbogen: Erörterung 136
Bewertungsbogen: mündliche Beteiligung am Unterricht 162

C

Checkliste zur mündlichen Beteiligung (Selbstkontrolle) 75
Checkliste: Brief über einen Roman 137

I

Inhaltliche Korrekturzeichen 59

K

Klassenarbeit Wortarten und Satzteile 140
Kriterienkatalog für Praktikumsbericht 67

L

Lernbericht Einzel- und Gruppenarbeit 151

P

Persönlicher Fragebogen am Ende des Schuljahrs 148
Portfolio-Selbstbewertungsbogen 142

S

Schüler-Beobachtungsbogen: Beobachtungshilfen – Formulierungshilfen 158
Schüler-Beobachtungsbogen: Lern-, Arbeits- und Sozialverhalten 157
Selbstbeobachtungsbogen: Lern-, Arbeits- und Sozialverhalten 146
Selbstbeurteilung: Bruchrechnung/Flächenberechnung 144
Selbstbewertungsscheibe: Lern- und Sozialverhalten 143

V

Vorbereitung Klassenarbeit Klasse 5: Wortarten und Satzteile 164

Verzeichnis der Beispiele und Übersichten

A

Abschlussbericht zur Projektarbeit 102
Anforderungsbereiche I bis III 57
Ansprüche an Haushefte und Unterrichtsbegleitmappen 74
Arbeitsprozessbericht zum Thema „Arbeitslosigkeit" 104
Aufgabenvarianten aus dem Mathematikunterricht 91

B

Beispiel Rückmeldungen Aufsatzunterricht 82
Beispiele Multiple-Choice-Aufgaben 93
Beschreibung der mündlichen Mitarbeit 71
Beurteilung mündlicher Äußerungen 70
Bewertungsmatrix für mündliche Leistung 24

C

Checkliste zur Nacherzählung 61

F

Formale Korrekturzeichen 56
Fragen für die Praxis der schulischen Leistungsbewertung 35
Fragen zu „Homo faber" 63

G

Gruppenauftrag zum Thema „Europa" 111

K

Kompetenzraster Arbeits- und Sozialkompetenz 130
Kompetenzraster aus einem Lernentwicklungsbericht für Mathematik 116
Korrekturbogen zur Nacherzählung 62
Kriterien zur Beurteilung der mündlichen Leistung 22

L

Längerfristige Hausaufgabe „Mein Traumzimmer" 92
Leistungspuzzle mit Einzelleistungen 53
Lernentwicklungsbericht Geschichte und Mathematik 26
Lernentwicklungsbericht Oberschule Ronzelenstraße 121

N

Notenpool-Verfahren 107

R

Raster zur Differenzierung der mündlichen Leistungen 69
Reflexion „Warum wir den Zeitplan nicht eingehalten haben" 98
Reflexion zum Verlauf der Klausur 102
Rückmeldung zur Rückmeldung 83

V

Vier Dimensionen des Lern- und Leistungsbegriffs 43

W

Wichtigste Beobachtungs- und Bewertungskriterien 51

Z

Zeugnis aus einer 6. Klasse für Mathematik 126

Literatur

AEBLI, HANS (1997): Grundlagen des Lehrens. 4. Auflage, Stuttgart
ALBERT, MATHIAS/HURRELMANN, KLAUS/QUENZEL, GUDRUN (2010): 16. Shell Jugendstudie. Jugend 2010. Frankfurt/Main
ALBRECHT, DIETRICH (1989): Die Rahmenbedingungen für Klassenarbeiten verändern. In: Behörde für Schule, Jugend und Berufsbildung (Hrsg.): Hamburg macht Schule 3/89, Hamburg
BASTIAN, JOHANNES/COMBE, ARNO/LANGER, ROMAN (2003): Feedback-Methoden. Weinheim
BECKER, HELLMUT/VON DER GROEBEN, ANNEMARIE/LENZEN, KLAUS-DIETER/WINTER, FELIX (Hrsg.) (2002): Leistung sehen, fördern, werten. Bad Heilbrunn
BEHNKEN, IMKE/FÖLLING-ALBERS, MARIA/TILLMANN, KLAUS-JÜRGEN/ WISCHER, BEATE (2001): Leistung. Friedrich Jahresheft XVII. Seelze
BEUTEL, SILVIA-IRIS/VOLLSTÄDT, WITTLOF (Hrsg.) (2000): Leistung ermitteln und bewerten. Hamburg
BOHL, THORSTEN (2001): Prüfen und Bewerten im Offenen Unterricht. Neuwied
BOVET, GISLINDE/HUWENDIEK, VOLKER (1998): Leitfaden Schulpraxis. Pädagogik und Psychologie für den Lehrberuf. 2. Auflage, Berlin
BRACKHAHN, BERNHARD/BROCKMEYER, RAINER/BUSCHMANN, RENATE/MIKA, CHRISTIANE (2004): Lernen – leisten – bewerten & Anschlüsse – Übergänge. Qualitätsverbesserung in Schulen und Schulsystemen. QuiSS Band 4. München
BRUNNER, ILSE/HÄCKER, THOMAS/WINTER, FELIX (Hrsg.) (2006): Das Handbuch Portfolioarbeit: Konzepte – Anregungen – Erfahrungen aus Schule und Lehrerbildung. Seelze
BÜCHTER, ANDREAS/LEUDERS, TIMO (2005): Mathematikaufgaben selbst entwickeln. Berlin
EIKENBUSCH, GERHARD (2001): Qualität im Deutschunterricht der Sekundarstufe I und II. Berlin
GRUNDER, HANS-ULRICH/BOHL, THORSTEN (Hrsg.) (2001): Neue Formen der Leistungsbeurteilung in den Sekundarstufen I und II. Baltmannsweiler
HAMEYER, UWE/PALLASCH, WALDEMAR (2009): Beratung als Lernhilfe. Lerncoaching im Aufwind. In: Lernende Schule, 12 (2009) 45, 4–9
HANDREICHUNG ZU DEN BREMER PARALLELARBEITEN IN KLASSE 6 (2007): Aufgaben vielfältig gestalten. Landesinstitut für Schule, Bremen
HEIDOWITZSCH, P./KATZMAREK, MARLIES/PADBERG, GERLIND (2003): Erfahrungen zur Leistungsermittlung und Leistungsbewertung im gemeinsamen Unterricht der Sekundarstufe. Heft 8, Materialien innerhalb des Projektes „Gemeinsamer Unterricht in der Sekundarstufe I" am pädagogischen Landesinstitut Brandenburg. Ludwigsfelde
HELMKE, ANDREAS/WEINERT, FRANZ (1997): Bedingungsfaktoren schulischer Leistungen. In: Enzyklopädie der Psychologie. Psychologie des Unterrichts und der Schule. Göttingen

Helmke, Andreas (2003): Unterrichtsqualität: Erfassen, Bewerten, Verbessern. Velber
Jürgens, Eiko (2000): Leistung und Beurteilung in der Schule. Eine Einführung in Leistungs- und Bewertungsfragen aus pädagogischer Sicht. 5. Auflage, Sankt Augustin
Krieger, Claus Georg (2005): Wege zu Offenen Arbeitsformen. Konzepte zur Selbststeuerung des Lernens – Leistungsbeurteilung. Baltmannsweiler
Lüders, Manfred (2001): Dispositionsspielräume im Bereich der Schülerbeurteilung. Zeitschrift für Pädagogik 47, Nr. 2, 217–234
Meyer, Hilbert (2007): Leitfaden zur Unterrichtsvorbereitung. Berlin
Meyer, Hilbert u. a. (2003): Einführung in die Arbeit mit unterrichtsmethodischen Kompetenzstufenmodellen. In: Kiper, Hanna/Meyer, Hilbert/Mischke, Wolfgang/Wester, Franz (2003): Qualitätsentwicklung in Unterricht und Schule. Das Oldenburger Konzept. Oldenburg
Paradies, Liane/Wester, Franz/Greving, Johannes (2010): Individualisieren im Unterricht. Berlin
Petersen, Ralf/Pallasch, Waldemar (2005): Coaching. Ausbildungs- und Trainingskonzeption. Weinheim
Petersen, Ralf/Petersen, Ines/Pallasch, Waldemar (2009): Professionelle Gesprächsführung im Lerncoaching. In: Lernende Schule, 12 (2009) 45, 16–17
Sacher, Werner (2004): Leistungen entwickeln, überprüfen und beurteilen. Bad Heilbrunn, 3. Auflage
Sacher, Werner/Winter, Felix (2011): Diagnose und Beurteilung von Schülerleistungen – Grundlagen und Reformansätze. Baltmannsweiler
SBF 87: z-plus-integrierte Leistungsbeurteilung in der Sek I: www.lis.bremen.de
Schrader, Friedrich-Wilhelm/Helmke, Andreas (2001): Alltägliche Leistungsbeurteilung durch Lehrer. In: Weinert, Franz (Hrsg.): Leistungsmessungen in Schulen. Weinheim
Stern, Elsbeth (2004): Schubladendenken, Intelligenz und Lerntypen; in: Heterogenität, Friedrich Jahresheft; 39/2004
Thüringer Ministerium für Bildung, Wissenschaft und Kultur (2009): Leitgedanken zu den Thüringer Lehrplänen der Regelschule. Erfurt
Thüringer Kultusministerium (2009): Lehrplan für das Gymnasium. Erfurt, 18
Valtin, Renate (2002): Was ist ein gutes Zeugnis? Weinheim
Vierlinger, Ruppert (1999): Leistung spricht für sich selbst. Direkte Leistungsvorlage statt Ziffernzensuren und Notenfetischismus. Heinsberg
Weinert, Franz E. (2001): Leistungsmessung in Schulen. Weinheim
Winter, Felix (2004): Leistungsbewertung. Grundlagen der Schulpädagogik, Band 49. Baltmannsweiler

Register

A

Abwägen von Alternativen 43
affektive Lernzielebene 29
Akzeptanz von Heterogenität 7
altersangemessene Zurichtung 66
analytische Kategorien 43
Anforderungsbereich 28, 56–58, 84
Anforderungsniveau 87
Arbeitsblätter (Gestaltung von) 94
Arbeitsbündnis 45
Arbeitshaltung 25, 100
Arbeitsjournal 12, 17–18, 54, 96, 100–101, 111–112
Arbeitslosigkeit 104
Arbeitsmaterialien 49, 114, 152, 159
Arbeitsorganisation 49, 52, 157, 159
Arbeitsprozessbericht 97, 102–104, 110
Arbeitsprozesse dokumentieren 96–97, 100
Arbeitszeit 67, 95
Auffassungsfähigkeit 49, 51, 158
Aufgabenkonstruktion 19, 86–87, 90
Aufgabenprofile 57, 69
Aufgabenstichprobe 87
Auftreten 41
Ausdauer 49, 107, 121, 158
Ausdrucksvermögen 48, 51, 70, 158

B

Basiskompetenzen 114, 120
Basisqualifikationen 48, 81
Bedeutsamkeit 88
Beobachtungsverzerrung 41
Berichtfunktion 34
Beurteilungs- und Rückmeldeformen 16
Beurteilungsfähigkeit (des Schülers) 49
Bewertungsbogen 22, 70, 136–137
Bewertungsmatrix 24
Bewertungsmodalitäten 42
Bezugsnormen 37–39
bildhafte Vorstellungen 90
Binnendifferenzierung 7, 105
Binnengewichtung 44

C

Chancengleichheit 30–31, 33

Checkliste 115, 122
Coachingangebot 15

D

Darstellendes Spiel 78, 156
Defizitorientierung 48
deklaratives Wissen 93
Deutsch 27–28, 44–45, 60–62, 78, 88, 122
diagnostische Maßnahmen im Unterrichtsalltag 8, 25
dialogischer Prozess 46
direkter Blick auf Leistungen 15, 29, 31, 132
Dokumentation der Daten 56, 79, 81, 100, 114–117
Durchschnittswerte 70

E

effektive Kommunikation 73, 153
Einzelleitung 53, 105, 110, 132, 138
Eingebundenheit in das soziale Miteinander 32
Eltern 7, 13, 19, 34, 46, 100, 117, 119–120, 132
Empathie 50
enaktives Wissen 90
Entwicklungsfelder 16
E-Portfolio 118
Erarbeitung von Kriterien 96
Ergebnisorientierung 20, 86
Erlass 21, 24, 34, 54, 132
Erwachsenenreaktion 80
Erwartungshorizont 44
erweitertes Wissen und Können 95
Europäisches Sprachenportfolio 99
Evaluationsverfahren 42
Experiment 44, 53, 76–77, 123, 127
Expertengruppenarbeit 109

F

Facharbeit 64, 66
fachspezifische Leistungen 7, 25, 42–43, 71–72, 119, 153, 162
Fallstudien 108
Fantasie 78, 92, 130–131
Feedback 82–83, 85, 97
Fehlen der Bewertung 110
Fehleranalyse 56–57, 81, 88
Fehlerquellen bei der Bewertung 40–41, 77

Fehlertypen 56
Fehlleistungen 47, 56
Fleiß 25, 74, 84
Flexibilität im Unterricht 45, 72
Förderungsfunktion 35
fragend-entwickelndes Unterrichtsgespräch 60
Fremdbewertung 10, 12

G

Gaußsche Normalverteilungskurve 23, 39
Gegenstand des Unterrichts 45
Gesamtkonferenzbeschluss 46
Gesamtleistung der Gruppe 110
Geschichte 26
Geschlecht (Einfluss von) 40
gesellschaftliches Wertesystem 30
Gespräche führen 14, 72, 85, 98, 112–113, 115, 117, 132
Gewichtung der Leistungen 54–55, 95, 102, 139
Gewichtung von Qualität 69
Gewichtung von Quantität 69
Globalskala 61
Gruppenarbeit 18, 50, 52, 98, 104, 153–155, 160
Gruppenleistung 11, 17–18, 38, 50, 105–113, 151
Gruppenprodukt 18, 106
Gruppenpuzzle 108–109, 123

H

Halo-Effekt 19, 41
haptischer Lerntyp 76
Hausaufgaben 49, 63, 84, 114
Hausheft 74
Heftführung 41
Heterogenität der Lerngruppen 7, 9, 118
Hilfsbereitschaft 31, 50, 160
Homo faber 62–63
hypothesengeleitete Tätigkeit 76

I

IGLU 20
individualisierender Unterricht 9, 17, 129
Individualnorm 7, 29, 37, 39, 105, 119
individuelle Lern- und Entwicklungsmöglichkeit 7, 33, 115, 132
induktive Methode 76

Informationsdefizite 32
Informationsfunktion 31
innovative Entwicklungen 14
instrumentelle Funktion 98
Interaktion 29, 42, 105
Interesse und Engagement 43, 50, 65, 78, 107, 130–131, 160
Integrationsfähigkeit (des Schülers) 50
Intersubjektivität 13, 42, 44, 108

J

Journal *siehe* Arbeitsjournal

K

Klärung eines Sachverhalts 69
Kolloquium 112
Kombination der Teilleistungen 23, 88
kommunikative Validierung 15–17, 46
komparative Leistungsbewertung 39
Kompetenzmodell 10, 128
Kompetenzkonzept 12
Kompetenzniveau 18, 43
Kompetenzraster 19, 84, 113–118, 122, 124, 129–132
Kompetenzstufen 43, 84, 114, 133
Konfliktfähigkeit 51–52, 160–161
Kontaktfähigkeit 50
Kontrollfunktion 36
Konzentration 32, 49, 52, 143, 159
Kooperationsfähigkeit (des Schülers) 109, 121, 143
körpersprachliche Mittel 78
Korrekturbogen 59–62, 66
Korrekturzeichen 56, 59
Kriterienkatalog 23, 57, 63–64, 67
Kritikfähigkeit 43, 51, 143

L

Legitimationsfunktion 30
Lehr-/Lernarrangement 10, 15, 114
Lehrerrolle 13, 29
Leistung
– als gesellschaftliches Phänomen 30–31
– als pädagogisches Phänomen 33–35
– als psychologisches Phänomen 31–33
Leistungsanforderungen 23, 28, 30

Leistungsbegriff 11, 29–33, 35, 42–43
Leistungsdimensionen der Pädagogik 20
Leistungsstufen 21–22
Leistungstest in Einzelarbeit 110
Lernberatung 13–14, 34, 97
Lernbericht 38, 97, 151
Lernbüro 114, 120
Lerncoaching 13–15
Lerndiagnose 34
Lernentwicklungsbericht 25–27, 38, 114–120
Lernentwicklungsgespräch 12–13, 114, 132
Lernfelder 17, 38
Lernjournal *siehe* Arbeitsjournal
Lerntagebuch 38, 53–54, 96, 100, 130
Lernvertrag 14
Lernziele 38
Logbuch 10, 96, 100, 115
logischer Fehler 41

M

Mathematik 26, 41, 60, 90–93, 116, 119, 126, 144
Maximalstandard 18
Mentoring 29
Metakommunikation 85
Metaphasen 46
Mildefehler 41
Mindeststandard 18, 84, 87, 94
Monitoring 10, 35
Motivationsfunktion 35
Multiple-Choice-Aufgaben 93–94
mündliche Leistung 24, 54, 63, 69, 72–73
Musteraufgaben 100
Musterlösungen 17, 44, 62

N

Nachdenken über die eigene Leistung 96, 99
Nacherzählung 61–62, 94
Normalerwartung 25
Normalverteilung 23, 25, 39
normative Grundlage 37
Notengebung 38–39, 46, 96
Notenpool-Verfahren 106–107, 153
Notenstufendefinition 38
Notensystem 21

Notenzeugnis 25, 27, 119

O

objektivierte Kriterien 34
offene Aufgaben 62–63, 94, 102
Operationalisierung 23, 72
Operatoren 84, 95
Ordnung 25, 33, 73–74
Orientierungsrahmen 7, 89, 119

P

Partnerarbeit 50, 52
persönlicher Lernstand 37, 114–115, 119, 132
PISA 20
Politik 29, 68, 76, 111
Portfolio 12, 17, 115, 117–120, 125, 142
Positionsfehler 41
Praktikumsbericht 64–68
Präsentation 18, 49, 55, 66, 78, 110–112, 115
problemlösendes Denken 28
Professor Unrat 27–29
Prognosefunktion 37
Projektvereinbarung 111
Proportionalität 89
Protokolle 63, 65, 101, 123
Prozessorientierung 129, 132
psychomotorisches Geschick 49, 161
Pünktlichkeit 25, 121

Q

Qualifikationsfunktion 30, 34
quantifizierbarer Faktor 47

R

Randkommentare 60
realistisches Selbstbild 113
Referate 55, 63–65, 98, 138
Referenzgruppen 39
Referenzrahmen 9, 99, 113, 129
Reflexionsphasen 17, 46–47
Reformpädagogik 33
regelgeleitete Tätigkeit 76
Regelstandard 18
Reihenfolgeeffekte 41
Reliabilität 13, 44–45
Reproduktion von Wissen 13, 89, 95

Rollenspiele 78
Routinen 38, 42, 113
Rückmeldekultur 16
Rückmeldungen standardisieren 82

S

Sachbezug 84, 111
Sachnorm 38–39, 105, 119
Sanktionen 55
Schema F 64
Schlüsselkompetenzen 50
Schnelligkeit 45
schriftliche Befragungen 101
Schulentwicklungsprogramm 46
Schulrecht 38
Sekundärtugenden 31
Selbstbehauptung 51
Selbstbewertung 17, 96–105, 142–143
Selbstbewertung durch die Gruppe 105, 108
Selbsteinschätzung 30, 32, 56, 98–99, 104, 118, 125, 132
Selbstevaluation 42
Selbstkritik 32, 98
Selbstsicherheit 51–52, 161
Selbstständigkeit 37, 49, 77, 116, 143, 159
Selektionsfunktion 28, 30, 34, 36
selektionsorientierte Leistung 20
Shell-Jugendstudie 32
Sicherheit 49, 64, 116
Sichtweise des Lehrers (subjektive) 33
Sinnhaftigkeit der Prüfung 28
sonstige Leistungen 54, 63–74
Sozialchancen 30, 46
soziale Sensibilität 50, 52, 160
Sozialisierungsfunktion 31
sozialkommunikatives Lernen 43, 73
Sozialnorm 39, 105, 119
Sozialverhalten 25, 50–52, 73, 119, 143, 146, 157, 160
Sprachverhalten 41
Stammgruppenarbeit 109–110
Standards 15–16, 18, 32, 45, 64, 113, 119
Standbilder 78–79
Stoffgebiet (überschaubares) 55
Strengefehler 41

strukturierte Beobachtungen 48
subjektbezogene Leistung 33
subjektive Persönlichkeitstheorien 26, 32
subjektive Theorien 33
Subskalen 61
Sympathie (Einfluss von) 40
Synergieeffekte 11
Szenische Interpretationen 78–79, 156

T

Tagebuch 54, 96, 100–101, 130
Teamarbeit 78, 129, 154
Teilbereiche der mündlichen Leistungen 69, 72–73
Tendenz zu Extremurteilen 41
Tendenz zur Mitte 41
Theater 78
Themenzentrierte Interaktion (TZI) 105
Theorieanteile 108
TIMM 20
Transferfähigkeit 48, 69, 84, 88
Traumzimmer 92
Tutoren 114

U

Überraschungsmoment 76
Übungsphasen 17
unkontrollierte Subjektivität 44
unmittelbare Erfolgskontrolle 76–77
Untergrenze 24
Unterrichtsbegleitmappen 74

V

valide Basis 23
Validität 45
Verarbeitungsprozess (interner) 85
verbale Bewertungen 26
verbalisierte Leistungsrückmeldung 53, 115
Vergleichsarbeit 29, 61, 94
Vergleichsgruppe 39
Verhaltensänderungen 26
Verknüpfung von Gruppenarbeitsphasen und schriftlicher Arbeit 108
Vermittlungsqualität 111
Verteilung der Lebenschancen 31
Voreinstellungen 40

Vorinformationen 32
Vorstrukturierung der Bewertung 64

W

Wahrnehmung (des Lehrers) 40, 47
Wahrnehmungsfähigkeit (des Schülers) 48, 51, 83, 99, 158
Wiedererkennung 93
Wiedergabefähigkeit (des Schülers) 48, 51, 158
Wiederholung (von Tätigkeiten) 93
Wissensfrage 69–70
Wochenplan 100, 115, 148

Z

Zeitplan 73, 98–99
Zensieren 33, 38
Zentralabitur 29, 95
zentrale Prüfungen 29
Zertifizierung 29
Zielvereinbarung 14
Ziffernnote 26, 38, 53
Zusatzinformationen 40
Zusatzleistungen 55
Zwischenschritte 81